Léon de Milloué
Conservateur du Musée Guimet

Le Brâhmanisme

(1905)

Léon de Milloué
Conservateur du Musée Guimet

Le Brâhmanisme

1ᵉ édition Paris, 1905

Publié par **Omnia Veritas Ltd**

www.omnia-veritas.com

I. BRÂHMANISME 7

- LES VÉDAS 8
- DIEUX ET DÉMONS 15
- LES DÉMONS 60
- LE SACRIFICE 63
- LE SACERDOCE 67
- MORALE — IMMORTALITÉ DE L'ÂME — TRANSMIGRATION 69

II. BRÂHMANISME PHILOSOPHIQUE 74

- LITTÉRATURE SACRÉE 75
- ÉCOLES PHILOSOPHIQUES 86
- MYTHOLOGIE 99
- COSMOGONIE 107
- LES CASTES 109
- CULTE ET SACREMENTS 117
- TRANSMIGRATION 128
- INSTITUTIONS SOCIALES 133

III. BRÂHMANISME SECTAIRE OU HINDOUISME 139

- LITTÉRATURE 141
- MYTHOLOGIE 146
- CRÉATION. COSMOGONIE 170
- CULTE 175
- LES SECTES 190
- LES CASTES 205

IV. BRÂHMA-SAMÂDJ 211

INDEX BIBLIOGRAPHIQUE 217

I. BRÂHMANISME

Malgré sa grande antiquité, ce n'est guère que depuis un siècle que la possession de ses livres sacrés et la connaissance du *sanscrit*, sa langue liturgique, nous ont fourni des données précises sur la religion du groupe ethnique qui, au jour de la séparation et de l'exode du berceau familial, a pris sa route vers l'Inde, tandis que les autres branches de la race aryenne ou indo-européenne venaient peupler et civiliser l'Europe. Jusque-là, nous ne la connaissions très vaguement que par de rares allusions d'historiens et géographes grecs et latins, particulièrement de Mégasthénès, l'ambassadeur de Séleucus Nicator à la cour de Sandracottos ou Tchandragoupta [1], roi de Magadha, par les récits trop souvent fantaisistes ou erronés de voyageurs doués de plus d'imagination et de crédulité que de science d'observation, et par les renseignements, ceux-là assez exacts, de quelques auteurs arabes. Sa découverte fut une véritable révélation qui révolutionna le monde savant et concourut puissamment à la création de la science nouvelle de l'histoire comparée des religions.

De même que les Grecs et les Latins, les anciens Indiens n'ont point donné de nom particulier à leur

---

[1] *Çandragupta*, fondateur, vers 31 avant Jésus-Christ, de la célèbre dynastie Maurya qui réunit un moment l'Inde entière sous son sceptre.

croyance nationale ; ils la nommaient simplement, et leurs descendants la nomment encore, le *Dharma*, c'est-à-dire la Loi ou le Devoir. Nos anciens auteurs l'appelèrent Religion des Brâhmanes, d'où l'on a fait ensuite le terme Brâhmanisme. A leur tour, enfin, les savants qui l'étudient de nos jours ont cru devoir la diviser en trois périodes distinctes, qu'ils ont nommées *Védisme, Brâhmanisme,* et *Brâhmanisme sectaire* ou *Hindouisme*. Bien que correspondant en effet à des modifications profondes, ces termes ont peut-être le double inconvénient d'être arbitraires — car il est impossible de tracer une ligne de démarcation nette entre les époques qu'ils représentent et d'induire à croire qu'il s'agit de trois religions différentes, tandis que ce sont de simples phases d'une seule et même religion évoluant insensiblement, sous l'influence de spéculations philosophiques, du naturalisme polythéiste au panthéisme sans rompre pour cela la chaîne des antiques traditions primitives, et comme l'un de ses traits caractéristiques saillants est la suprématie universelle de la caste sacerdotale des Brâhmanes, le nom de *Brâhmanisme* nous paraît convenir mieux que tout autre à cette croyance envisagée dans son ensemble.

LES VÉDAS

La religion indienne repose tout entière sur de très anciens livres appelés *Védas*, tenus pour être la source et le réceptacle de toute vérité et de toute science, que la tradition prétend avoir été dictés ou révélés par le dieu

Pradjâpati[2] ou Brahmâ à des sages inspirés, nommés Richis[3], que l'on représente comme des fils et quelquefois comme les pères des dieux[4]. Ce mot, *Véda*, signifie « connaissance, science » (racine *vid* « savoir ») ; mais c'est exclusivement la science divine, considérée tantôt comme le souffle exhalé volontairement ou involontairement par l'éternel Brahma[5], tantôt comme étant Brahma lui-même, tantôt enfin comme un son éternel, science qu'on ne peut acquérir par l'étude, mais qu'on reçoit par intuition ou, en d'autres termes, par révélation ; c'est pourquoi les Védas qui la renferment ne peuvent être utilement communiqués que par une tradition orale de maître à disciple et non par l'écriture. Ces Védas, recueils d'hymnes versifiés, sont actuellement au nombre de quatre : le Rig, le Sâma, le Yadjour[6] et l'Atharva, mais pendant longtemps, même jusqu'à l'époque de Manou, les écritures indiennes n'ont jamais mentionné que les trois premiers, le Triple Véda ; silence significatif qui, à défaut des indications fournies par le style de ce livre, suffirait à affirmer la date relativement moderne de la composition de l'Atharva.

Avant tout, une question capitale se pose. Quel est l'âge des Védas ?

---

[2] Prajâpati.

[3] Rsis.

[4] Les Védas abondent en contradictions de ce genre.

[5] L'âme universelle.

[6] Yajur et aussi Yajus.

Il est évident qu'on ne peut accepter les dires sur ce point des auteurs indiens qui n'ont aucune notion de chronologie et jonglent à plaisir avec les milliards d'années, et depuis plus d'un siècle, les savants indianistes, mythologues et linguistes, discutent sans parvenir à se mettre d'accord sur une solution même approximative. Après leur avoir attribué au début, dans l'enthousiasme de leur découverte, une antiquité peut-être exagérée de plusieurs milliers d'années, on en est venu à prétendre les ramener à une époque postérieure à l'invasion d'Alexandre le Grand dans l'Inde, sous le prétexte, d'ailleurs loin d'être prouvé, que l'alphabet sanscrit, d'origine phénicienne, aurait été introduit dans l'Inde par les soldats du conquérant macédonien, et qu'il était impossible que des ouvrages d'une étendue aussi considérable aient pu se conserver pendant des siècles sans le secours de l'écriture. Récemment enfin, se basant sur le calcul astronomique de la position dans l'écliptique de quelques constellations lunaires, les Nakchatras [7], mentionnées dans le *Rig-Véda*, deux savants allemands, MM. Jacobi et Oldenberg, ont avancé, comme étant celle de la composition de ce livre, le premier la date de 4.800 ans, et le second de 2.600 ans avant notre ère.

En réalité, tout ce que l'on peut dire, dans l'état actuel de nos connaissances, c'est que le plus ancien de ces livres, le *Rig-Véda*, est fort vieux, non seulement en raison de l'archaïsme de sa langue, mais encore et surtout par l'état très primitif de civilisation qu'il nous révèle, civilisation bien plus rudimentaire que celle dont

---

[7] Nakṣatra.

le vieil Homère nous a tracé le tableau. De plus, les similitudes frappantes qu'on relève entre sa langue et sa mythologie et la mythologie et la langue grecques permettent de croire à leur parenté et d'admettre que, s'il a dû certainement subir de nombreuses modifications de forme au cours des siècles, il peut remonter quant à son fond à l'époque encore indéterminée de la séparation de la famille indo-européenne. D'un autre côté, l'objection tirée de l'ignorance de l'écriture jusqu'à l'invasion des Grecs dans l'Inde ne pourrait guère se soutenir, lors même que cette ignorance serait prouvée, par le fait bien connu que, dans l'antiquité, l'enseignement religieux se donnait oralement de peur qu'il ne tombât entre des mains profanes (tel, par exemple, que celui des mystères ou de la religion des Druides) et que cet usage est de nos jours encore en vigueur dans l'Inde où, prétend-on, il n'est pas rare de trouver des brâhmanes capables de réciter un Véda d'un bout à l'autre. Il est probable, d'ailleurs, que les Védas se sont conservés à l'état fragmentaire dans plusieurs familles sacerdotales, que prétendent représenter actuellement les *gotras*[8] (tribus) et les *çâkhâs*[9] (écoles) brâhmaniques, et n'ont été réunis et classés dans l'ordre et sous la forme que nous connaissons que quand on s'est décidé à les confier à l'écriture, œuvre que les Indiens attribuent à un ancien

---

[8] On compte 81 gotras de brâhmanes. Ce terme a pris cependant une acception plus large et plus générale ; aujourd'hui la gotra est proprement la famille restreinte à la parenté au sixième degré ; ses membres sont appelés *Sapindas*.

[9] Écoles dans lesquelles se conservent certaines traditions d'interprétation et de prononciation des textes védiques ; on en compte 1.130, dont 1.000 pour le Sâma, 100 pour le Yadjour, 21 pour le Rig, et 9 pour l'Atharva.

sage, nommé Vyâsa [10]. Bien que leurs hymnes servent dans toutes les cérémonies publiques et privées, on ne lit pas les Védas : le prêtre officiant doit réciter, ou chanter, de mémoire les hymnes exigés par la liturgie ; c'est de vive voix que le maître religieux, le *Gourou*, doit enseigner et expliquer vers par vers les textes sacrés à son disciple ; le livre écrit ne sert que de guide ou de memento.

S'il est le plus ancien, le *Rig-Véda* est aussi le plus important pour la connaissance de la religion primitive de l'Inde ; mais il serait dangereux de prétendre en tirer des indications sur l'histoire ancienne du peuple aryen, en dehors de l'état de civilisation encore très rudimentaire qu'il laisse soupçonner. Il se compose de mille dix-sept hymnes, versifiés en mètres divers, attribués à de nombreux Richis inspirés, dont les noms sont soigneusement relatés en tête de chaque hymne, et répartis d'une manière arbitraire, à ce qu'il semble, en dix sections ou Mandalas, à l'exception de la neuvième entièrement consacrée au dieu Soma. Pour les Indiens, il renferme les éléments de toute science et de toutes les lois civiles et morales, et, de fait, à force d'en approfondir les textes, de les soumettre aux commentaires et aux spéculations les plus subtils, ils ont fini par en tirer réellement toutes leurs institutions religieuses et politiques. Pour nous qui, dégagés des traditions séculaires et des préjugés dans lesquels l'Indien est enserré, l'étudions à la lumière d'une critique impartiale, sans parti pris d'y découvrir autre

---

[10] Personnage mythique auquel on prête la fondation du Vedânta et la composition du Mahâbhârata et des Purânas.

chose que ce qui y est, il reste ce qu'il a très certainement été à son origine, le livre du rituel et de la liturgie de l'acte le plus important de la vie de l'Hindou, c'est-à-dire du *sacrifice* [11].

Le *Sâma-Véda* et le *Yadjour-Véda* sont, sauf quelques légères variantes de forme, entièrement composés d'hymnes ou de fragments d'hymnes empruntés au *Rig-Véda*, disposés dans l'ordre exigé par les règles liturgiques à l'usage des prêtres spécialement chargés de les chanter dans les sacrifices, l'*Oudgâtri* [12] et l'*Adhvaryou* [13]. Le premier est affecté surtout aux cérémonies en l'honneur du dieu Soma et aux sacrifices funéraires ou *Çrâddhas*. Le second, qui se divise en deux collections appelées *Taittirîya* (Yadjour noir) et *Vadjasaneyi* (Yadjour blanc) ne différant guère que par la disposition de leurs matières, est d'un usage plus général et a sa place dans tous les sacrifices. On utilise des fragments de l'un et de l'autre dans les cérémonies du culte domestique, concurremment avec les hymnes du *Rig-Véda*.

L'*Atharva-Véda*, composé d'hymnes pour la plupart originaux et quelques-uns inspirés du *Rig-Véda*, paraît être beaucoup plus récent que les trois autres. Ses textes, en général très obscurs, sont des formules d'incantation sur lesquelles se sont appuyées plus tard les pratiques de magie, de divination, de sorcellerie et de

---

[11] A. BERGAIGNE : *La Religion védique*.

[12] Udgâtri.

[13] Adhvaryu.

démonolâtrie qui ont abouti, vers le commencement de notre ère, aux rites superstitieux et dégradants du Tântrisme. Ses prêtres, nommés *Atharvans*, passent pour avoir été primitivement les descendants du mythique Atharvan, instituteur du culte du feu avant la séparation des Aryens et des Irâniens.

Les hymnes, appelés *Mantras*, constituent la partie la plus ancienne et la seule originale de chacun des Védas, qui se complètent, suivant les données traditionnelles des brâhmanes, par trois autres séries d'écritures, les *Brâhmanas*, les *Oupanichads*[14] et les *Aranyakas*, qui, bien que beaucoup plus récentes, sont également considérées comme divinement révélées ou inspirées et compris dans l'appellation de Çrouti[15] ou Révélation. L'ensemble des Mantras, des Brâhmanas et des Oupanichads constitue ce qu'on appelle la *Samhitâ* de chaque Véda.

Les Brâhmanas sont des ouvrages en prose commentant et expliquant les textes des Mantras au point de vue du rituel et de la liturgie du sacrifice et développant les nombreuses légendes qui, en germe, mais à peine indiquées dans les Védas, ont constitué en grande partie la mythologie des temps postérieurs. Le fait même que de tels livres étaient devenus nécessaires indique qu'à l'époque de leur composition la langue et le sens des Mantras étaient devenus obscurs et peut s'invoquer comme une preuve convaincante de la

---

[14] Upaniṣad.

[15] Çruti.

grande antiquité des Védas. Quant aux Oupanichads et aux Aranyakas (ces derniers expressément réservés aux méditations des *Vânaprasthas* ou solitaires qui vivent dans les forêts), ils ont pour but de dégager et d'expliquer le sens mystique et ésotérique des mythes védiques et en particulier des sacrifices. Conçus avec une très remarquable ampleur d'idées et d'une audace de pensée allant parfois jusqu'à la négation de la toute-puissance et même de l'existence des dieux, ces livres peuvent à bon droit être considérés comme l'origine de la philosophie indienne.

Chaque Véda possède un nombre variable, quelquefois considérable, de Brâhmanas et d'Oupanichads dont quelques-uns sont relativement récents et peut-être ne remontent guère plus haut que le cinquième siècle avant l'ère vulgaire.

DIEUX ET DÉMONS

Les hymnes du *Rig-Véda* nous fournissent les noms de nombreuses divinités auxquelles ils s'adressent et dont les principales subsisteront, nominalement au moins, dans la mythologie postérieure ; mais nous n'y trouvons rien qui ressemble aux attributions de fonctions nettement définies et à la classification méthodique des dieux d'Homère ou d'Hésiode. Bien que la manière dont on les décrit les revête d'une sorte d'anthropomorphisme, les dieux védiques sont vagues, indécis, sans personnalité précise, souvent sans attributions bien déterminées, se remplacent et se confondent, ou bien, à tour de rôle, l'un d'entre eux,

Agni surtout, réunit tous les autres en sa personne, au gré de la dévotion et de l'enthousiasme reconnaissant de l'adorateur, de telle façon qu'on peut se demander s'ils ne sont pas de simples épithètes d'un Dieu unique, si l'on est, avec eux, en présence d'une conception polythéiste ou monothéiste.

Un point acquis, c'est qu'ils ne sont pas éternels (les Aryas primitifs ne paraissent pas plus avoir conçu la notion d'éternité que celle de l'infini absolu et cela n'a rien qui doive nous étonner étant donné leur état probable de civilisation) ; mais par suite des contradictions coutumières aux écritures védiques, leur origine demeure dans une incertitude complète. Tantôt ils semblent être sortis spontanément du chaos ou d'une entité négative préexistante [16] : « Dans le premier âge des Dieux, l'existant naquit de l'inexistant » (*Rig-Véda* X, 71, 3) ; tantôt on les fait naître d'un couple primordial, Dyâvâprithivî [17] c'est-à-dire Dyos « le Ciel » et Prithivî « la Terre » (*R. V.* I, 159, 1) ; tantôt ce sont les fils de Brahmanaspati [18] (*R. V.* II, 26, 3), de Soma [19] (*R. V.* IX, 96, 5), d'Aditî [20] (*R. V.* I, 89, 10), d'Ouchas [21] (*R. V.* I,

---

[16] Vu l'insuffisance de la traduction de Langlois, ces citations sont empruntées aux *Original Sanskrit Texts* de J. Muir.

[17] Dyâvâp*r*thivî.

[18] « Le Seigneur de la prière ».

[19] La libation divinisée.

[20] L'espace ou l'éther.

[21] U*ʂ*as, l'aurore.

113, 19), ou bien encore d'Agni [22], c'est-à-dire du sacrifice même, tantôt ils remplissent alternativement les uns envers les autres, les rôles de pères et de fils.

Le Véda les dit immortels, *Amartyas*, toutefois ils ne tiennent pas ce privilège de naissance : ils l'acquièrent par différents moyens, et sont même susceptibles de le perdre, ou tout au moins de déchoir de leur puissance. D'après certains passages des Védas et des Brâhmanas, c'est Agni qui leur a donné l'immortalité quand ils l'ont honoré au moment de sa naissance ; d'autres fois ils la doivent à Savitri [23], ou bien ils ont vaincu la mort et gagné le ciel par la continence, la ferveur de leurs austérités et par la pénitence (*tapas*), ou encore en proférant et méditant la syllabe mystique *Om*. Le plus souvent, les textes sacrés nous apprennent que mortels les dieux sont devenus immortels pour avoir bu l'*amrita* [24], ou par les sacrifices qu'ils ont accomplis, sans qu'on nous dise, toutefois, à qui pouvaient s'adresser ces sacrifices alors que les dieux n'existaient pas encore, à moins qu'il ne s'agit du sacrifice pour le sacrifice, c'est-à-dire d'un acte sacré et méritoire en lui-même et par lui-même, ainsi qu'il semble résulter de ce passage du *Rig-Véda* [25] : « Avec le sacrifice, les Dieux honorèrent le sacrifice ; ce furent les premiers rites. Ces grandes puissances ambitionnaient le ciel, là où sont les antiques Sâdhyas, les Dieux (X, 90, 16).

---

[22] Le feu, le dieu du feu, assimilé au sacrifice.

[23] Un des noms du soleil déifié.

[24] Amrta, liqueur de vie, identique au Soma, c'est-à-dire à la libation.

[25] J. MUIR : *Original Sanskrit Texts*, V. p. 17.

Si les textes sacrés nous laissent indécis en ce qui concerne l'origine et l'immortalité des dieux védiques, notre incertitude n'est pas moindre au sujet du degré de puissance qu'ils leur attribuent. Ce sont évidemment, des êtres supérieurs aux hommes par la grandeur, la force et l'intelligence ; ils commandent en maîtres aux éléments et aux phénomènes de la nature ; ils gouvernent et protègent l'univers ; ils accordent faveurs et grâces à leurs adorateurs et les défendent contre leurs ennemis ; mais, en dépit des hymnes où on la magnifie, leur puissance n'est pas sans limite. Continuellement elle est mise en échec par celle, non moins grande des démons, et s'ils finissent toujours par sortir vainqueurs de leurs éternels combats, les dieux ne s'en tirent pas sans blessures, ni sans défaites temporaires ; peut-être même succomberaient-ils, si les hommes ne soutenaient leurs forces et leur courage par les sacrifices, les offrandes, surtout par les oblations de *Soma*, la liqueur enivrante dont ils sont avides. Bien plus, par leurs méditations, leurs sacrifices et leurs pénitences austères, les saints anachorètes peuvent acquérir sur la nature une puissance au moins égale à celle des dieux, les chasser du ciel par une simple malédiction et même se substituer à eux dans leurs fonctions et leur gloire divines, éventualité redoutable que ceux-ci s'évertuent continuellement à prévenir en induisant en tentation ceux de leurs compétiteurs qui menacent de devenir dangereux. Enfin sans aller jusque là, l'Atharva-Véda enseigne les incantations par lesquelles l'homme peut asservir la volonté des dieux à la sienne propre, et mettre leur pouvoir au service de ses intérêts.

Par ce qui précède il est aisé de concevoir à quelles difficultés se heurte le mythologue qui cherche à seulement trente-trois dieux : — « O vous, Dieux, qui êtes onze dans le ciel, qui êtes onze sur la terre, et qui, dans votre gloire, êtes onze habitants des eaux, accueillez favorablement cette offrande qui est nôtre » (I, 139, 2) ; « Puissent les trois en plus de trente Dieux, qui ont rendu visite à notre gazon [30] du sacrifice, nous reconnaître et nous rendre le double » (VII, 28, 1) ; — « Vous qui êtes les trois et trente Dieux adorés par Manou, ainsi loués, puissiez-vous devenir les destructeurs de nos ennemis » (VIII, 30, 2) ; et, plus explicite le Çatapatha-Brâhmana répartit ces trente-trois divinités en douze Adityas, onze Roudras et huit Vasous, auxquels il adjoint soit Dyôs et Prithivî, soit Indra et Pradjâpati. Mais il est évident que ce chiffre de trente-trois adopté pour une raison qui nous échappe ne représente pas et n'a jamais représenté le nombre total des dieux, car le *Rig-Véda* lui-même, selon son habitude de contradictions continuelles, mentionne dans d'autres passages les trente-trois dieux augmentés, suivant les circonstances, d'Agni, de Soma, des Açvins, des Nâsatyas, etc. Ailleurs encore, il va plus loin et déclare : — « Trois cents, trois mille, trente et neuf Dieux ont adoré Agni » (III, 9, 9).

De bonne heure les Brâhmanes ont senti la nécessité de mettre un peu d'ordre et de hiérarchie dans cette multitude confuse d'êtres divin, et déjà plusieurs siècles avant notre ère, le célèbre Yâska [31] en entreprit dans son

---

[30] C'est-à-dire l'autel recouvert d'herbe Kuça.

[31] Probablement le premier des exégètes indiens du Véda, qui vécut, croit-on, entre 500 et 490 avant Jésus-Christ.

Nirukta[32] un classement méthodique, ou plutôt deux classements différents. Dans un premier passage, il les répartit en grands et petits, vieux et jeunes, sans dire toutefois sur quelles données il se fonde pour établir cette division que les hymnes védiques ne paraissent ni justifier, ni même suggérer : — « Respect aux grands, respect aux petits, respect aux jeunes, respect aux vieux. Adorons les Dieux autant que nous le pouvons ; puissé-je, ô Dieux, ne pas négliger d'honorer les plus grands (I, 27, 13). Mais un peu plus loin, (VII, 5), il donne en ces termes une autre classification, plus conforme, d'ailleurs, au contexte général des hymnes et aux notions traditionnelles : — « D'après les commentateurs du Véda, il y a trois Dieux, savoir : Agni, qui est place sur la terre ; Vâyou ou Indra, qui réside dans l'air ; et Sourya, dont la place est an ciel. Ces Dieux reçoivent plusieurs appellations différentes en raison de leur grandeur ou de la diversité de leurs fonctions, de même que les termes de *hotri*[33], *adhvaryou*[34], *brâhmane*[35] et *oudgâtri*[36], s'appliquent à une seule et même personne suivant le rôle particulier qu'elle se trouve remplir dans le sacrifice. Ces Dieux peuvent être tous distincts, car les louanges qu'on leur

---

[32] Nirukta « Explication ». Interprétation des termes védiques obscurs. C'est le quatrième des *Védângas*.

[33] Le Hotri est le prêtre qui récite les hymnes du *Rig-Véda* et verse la libation de Soma.

[34] Adhvaryu, chantre du Yajur-Véda.

[35] Directeur du sacrifice.

[36] Udgât*r*, chantre du Sâma-Véda.

adresse et leurs noms sont différents [37]. Puis, partant de là, Yâska répartit les manifestations diverses de ces dieux en trois classes ou groupes : les dieux terrestres, les dieux atmosphériques ou intermédiaires, et les dieux célestes. Cette classification paraît avoir été généralement adoptée dans ses grandes lignes par les théologiens brâhmaniques, et a été suivie également par la plupart des indianistes européens, qui y ont ajouté cependant une quatrième catégorie, celle des divinités des eaux.

On a généralement coutume de considérer le ciel, *Dyôs* [38], comme le plus ancien et, primitivement, le plus important des Dieux védiques, sans doute à cause du titre de « père » (*pitar*) que lui donnent habituellement les hymnes, et peut-être en raison de sa grande similitude de nom avec le Zeus [39] des Grecs (Ζεύσ πατήρ, Jupiter, Dispater) et de fonctions avec Οὐρανοσ, le dieu initial de la mythologie hellénique cependant, la part restreinte d'invocations que lui fait le *Rig-Véda* ne permet guère de supposer qu'il ait jamais été un dieu suprême comparable à Zeus. Pour expliquer ce fait, quelques auteurs ont émis l'hypothèse que Dyôs, grand dieu primitif de la race indo-européenne, était déjà une divinité vieillie et délaissée à l'époque où furent élaborés les hymnes de ce Véda ; mais aucun indice sérieux n'appuie cette supposition, et il paraît plus probable que nous sommes ici en présence d'un mythe

---

[37] J. MUIR : *Original Sanskrit Texts*, vol. V, p. 8.

[38] Génitif, Divas.

[39] Diôs et Zeus proviennent tous deux de la même racine initiale *div*.

imparfaitement évolué, qu'une cause quelconque a arrêté dans son développement.

Il est rare que Dyôs soit invoqué seul. Presque toujours le *Rig-Véda* l'associe à *Prithivî*[40], déesse de la terre, avec laquelle il constitue le groupe créateur *Dyâvâ-Prithivî*. Père et mère de tous les êtres, Dyôs et Prithivî ont engendré les dieux, les hommes et les animaux, quelquefois aussi les plantes et même tout l'univers ; essentiellement bienveillants, ils dispensent avec libéralité leurs faveurs à leur nombreuse progéniture : — « Dans les cérémonies j'adore avec des offrandes et je chante les louanges de Dyôs et de Prithivî, promoteurs de la justice, grands, énergiques, qui sont les parents des Dieux et qui dispensent, comme les Dieux, les grâces les plus précieuses en récompense de nos offrandes. — Par mes invocations j'adore la pensée du Père bienfaisant pour tous et la force puissante qui est celle de la Mère. Ces parents prolifiques ont engendré toutes les créatures, et par leur grâce ont conféré à leurs rejetons une grande immortalité » (R. V. I, 159, 1). — Peut être aussi constituent-ils le type initial de la famille, car, suivant tine conception à peu près générale chez les peuples primitifs, Dyôs et Prithivî sont unis par les lieus d'un véritable mariage, contracté avec des rites solennels, ainsi que nous le révèle ce passage de l'Aitaréya-brâhmana[41] : — « Jadis, ces deux mondes étaient unis. Plus tard ils se séparèrent.Après leur séparation la pluie cessa de tomber, le soleil cessa de

---

[40] P*r*thivî « la large, l'étendue ».

[41] L'un des deux Brâhmanas annexés au *Rig-Véda*.

briller. Alors les cinq classes d'êtres ne restèrent point en paix les unes avec les autres. Alors, les Dieux amenèrent la réconciliation de ces deux mondes. Tous deux contractèrent un mariage selon les rites observés par les Dieux » (IV, 17).

Comme celle de tous les autres Dieux, l'origine de Dyôs et de Prithivî est obscure, les récits qui la concernent sont contradictoires ; tantôt il semble qu'ils soient éternels ou apparus spontanément ; tantôt ils sont l'œuvre d'un dieu innommé, du plus habile des dieux : « Au loin étendus, vastes, infatigables, le Père et la Mère protègent tous les êtres. Il était le plus habile des Dieux habiles, celui qui a fait ces deux mondes qui sont bienfaisants pour tous, qui, désirant faire une œuvre excellente, a étendu ces régions et les a consolidées par des supports indestructibles » (R. V. I, 160, 2). D'autres fois c'est Soma [42], Pouchan, Tvachtri [43] ou Indra [44] qui les a créés ; ou bien ce dernier les a engendré de son propre corps, les soutient dans ses mains et les étend comme une toison ; ou bien encore un hymne[45] les fait sortir de la tête et des pieds de Pouroucha [46], et un autre les fait naître dans les eaux. D'un autre côté, Prithivî est dite le support ou la demeure de Dyôs qui, en somme, plutôt que le ciel

---

[42] Le dieu de la libation.

[43] Puṣan, Tvaṣtr, personnifications du soleil.

[44] Dieu de l'éclair et de la pluie.

[45] R. V. X, 90.

[46] Puruṣa, la victime mystique immolée par les Dieux.

paraît personnifier la lumière par excellence ou le jour et que ses relations de parenté avec Soma, Pouchan, Tvachtri, Indra, Agni (qu'on dit tantôt son frère et tantôt son fils, ou encore sa tête), Mitra et Savitri désignent, comme ayant été primitivement un des éléments ignés du sacrifice, un équivalent d'Agni, d'Indra et de Sourya. On peut aussi invoquer à l'appui de cette hypothèse le fait qu'on lui substitue parfois Pardjanya [47], divinité assez indécise qui paraît présider au tonnerre, à la pluie, à la procréation, à la fructification, et dont le nom, pris adjectivement, est une épithète assez fréquente d'Indra et de Sourya.

Le plus souvent, on attribue le rang suprême parmi les êtres célestes à un autre dieu du ciel, *Varouna* [48] qui, après avoir très certainement personnifié comme Dyôs le ciel lumineux, est devenu, déjà à l'époque védique, le ciel nocturne constellé d'étoiles. Varouna remplit des fonctions aussi hautes que nombreuses. Il réside dans tous les mondes dont il est le souverain régulateur ; il a créé la nuit, il soutient la terre ; c'est par ses soins que les rivières coulent et vont verser leurs eaux dans l'Océan, sans jamais le remplir ; ses lois et ses ordres sont immuables et inviolables ; sa puissance s'exerce sans restriction sur les destinées des humains dont il connaît tous les actes, les pensées les plus secrètes, qu'il récompense et punit, dont il délie et retient les péchés ; il connaît le vol des oiseaux dans le ciel, la route des poissons dans les eaux, la course du vent, et voit tout ce

---

[47] Parjanya.

[48] Varu*n*a « celui qui enveloppe, qui enserre ». On le rapproche de l'Ouranos grec avec lequel il a beaucoup de similitude.

qui a été, ce qui est et ce qui sera. « Le grand Être qui règne sur ces mondes les voit comme s'il était tout près. Si quelqu'un pense faire quelque chose en secret, ce Dieu le sait, et voit quiconque se tient debout, marche, se glisse secrètement, se retire dans sa maison ou dans quelque cachette. Ce que complotent deux personnes assises ensemble, en tiers avec elles Varouna le sait. Cette terre est le domaine du roi Varouna et aussi ce vaste ciel dont les extrémités sont si distantes. Les deux océans sont les mamelles de Varouna, et il réside dans ce petit étang. Celui qui fuirait au delà du ciel, ne pourrait pas échapper au roi Varouna. Descendant du ciel, ses messagers traversent le monde ; avec leurs mille yeux, ils regardent sur toute la surface de la terre. Varouna perçoit tout ce qui existe entre le ciel et la terre et au delà. Il compte les clignements d'yeux des hommes. Il tient en ses mains toutes les choses comme le joueur les dés qu'il va jeter. O Varouna, que tes filets enlacent l'homme qui profère des mensonges et qu'ils s'écartent de celui qui dit la vérité [49] ». Le respect et l'adoration éclatent en termes d'une grandeur et d'une élévation incomparables dans les hymnes qui lui sont consacrés, et où ses adorateurs lui associent souvent son frère *Mitra* [50], une des nombreuses personnifications du soleil, à qui l'on donne le ciel de jour pour empire, mais qui ne participe qu'en faible partie au caractère de justicier de Varouna.

---

[49] Atharva-Véda. IV, 16, 2.6.

[50] L'Ami

Toutefois, il ne faut pas attacher trop d'importance à cette apparente attribution du rang souverain à Varouna ; car, d'un côté, les hymnes l'attribuent également à d'autres dieux, et de l'autre Indra le lui dispute victorieusement et s'en empare à la suite d'une sorte de traité qui dépossède Varouna de l'empire du ciel et lui laisse celui des eaux, mythe qui prépare le passage de Varouna à la fonction exclusive de dieu de l'océan qui lui sera dévolue dans la mythologie post-védique. Plusieurs hymnes du *Rig-Véda* renferment d'ailleurs des allusions à la connexion de Varouna avec les eaux, — eaux réelles ou eaux du sacrifice, c'est-à-dire les libations, — notamment les deux passages suivants : — « Vous désirant, vous fils de la force, les Marouts [51] s'avancent à travers le ciel ; Agni sur la terre, Vâta [52] dans l'atmosphère, et Varouna sur les eaux, l'océan [53] ». — « Que me protègent les eaux célestes, et celles qui coulent, celles pour lesquelles sont creusés des canaux, et celles qui se produisent spontanément, celles qui vont à l'océan, qui sont brillantes et purifiantes ! Que ces eaux, au milieu desquelles se meut le Dieu Varouna, surveillant la véracité et la fausseté des hommes, qui distillent la douceur et sont brillantes et purifiantes, me protègent ! Que ces eaux dans lesquelles Varouna, Soma et tous les Dieux goûtent le plaisir de la nourriture, dans lesquelles est entré Agni-Vaiçvânara, me protègent ! [54] » — « Mitra et Varouna, vous les deux

---

[51] Maruts : dieux des éclairs ou des vents.

[52] Vâta ou Vâyu, dieu du vent.

[53] R. V. I, 161, 14.

[54] R. V. VII, 49, 2. Il est à remarquer que le dernier vers de cette citation

rois, protecteurs de la grande cérémonie, puissants seigneurs de la mer, venez ici ; envoyez-nous du ciel de la nourriture et de la pluie ! [55] »

À Varouna est étroitement apparenté le groupe des *Adityas* dont il est le premier et le chef. Les Adityas sont de grands Dieux lumineux se rattachant tous au mythe solaire, sans en excepter Varouna qui, assez souvent, se substitue au Dieu-Soleil Savitri ou Sourya, mais dont le nombre et les noms varient d'un hymne à l'autre. Le *Rig-Véda* en mentionne tantôt six : Varouna, Mitra, Aryaman, Bhaga, Daksha [56] et Amça ; tantôt sept, en adjoignant Savitri aux précédents ; tantôt huit par l'addition de Mârttânda. Mais, même dans ce cas, on n'en compte jamais que sept, Mârttânda, dit-on, ayant été repoussé ou renié par leur mère commune. La Taittirîya-Samhitâ du Yadjour-Véda et le Taittirîya-brâhmana en nomment également huit ; mais substituent Dhâtri, Indra et Vivasvat à Daksha, Savitri et Mârttânda. Plus tard, les Brâhmanas et les Pourânas porteront leur nombre à douze, sans doute pour les faire présider aux douze mois de l'année. D'après les hymnes védiques, ce sont les plus grands, les plus puissants, les plus bienfaisants et les plus vénérables des Dieux ; mais, à part Varouna, Mitra, Savitri, Indra et Vivasvat qui ont par ailleurs des fonctions déterminées, et Daksha qui paraît remplir le rôle de créateur ou de procréateur des êtres animés, on ne les invoque guère

---

désigne nettement les eaux — libations.

[55] R. V. VII, 64, 2.

[56] Daksa.

que collectivement pour obtenir leur protection et des faveurs, la plupart du temps matérielles, telles que longue vie, puissance, richesse, nombreuse postérité de fils vaillants, abondance de bétail, etc.

Suivant la donnée généralement fournie par les Védas, les Adityas sont les fils, sans père, d'Aditi, qui les a conçus après avoir mangé les restes du sacrifice qu'elle avait offert aux dieux appelés Sâdhyas ; mais, ensuite, la littérature post-védique les fait naître du mariage d'Aditi avec le sage Richi Kaçyapa, personnage mythique qui personnifie, dit-on, le crépuscule, et dont on fait à l'occasion le père de la plupart des autres dieux. D'un autre côté, le Çatapatha-brâhmana leur donne pour origine douze gouttes d'eau céleste engendrées par Pradjâpati.

Aditi « la libre » ou « l'illimitée, l'infinie », est une déesse fréquemment citée dans les Védas, mais dont, malgré cela, la nature n'a pas encore été déterminée avec précision. On la dit tantôt éternelle, existant par elle-même, tantôt créée, mère, épouse et fille des dieux, mère des hommes et de tous les êtres : « La terre naquit d'Outtânapad, de la terre naquirent les régions ; Dakcha naquit d'Aditi et Aditi de Dakcha. Car Aditi fut créée, elle qui est ta fille, ô Dakcha. Après elle naquirent les Dieux, heureux, ayant en partage l'immortalité... Des huit fils qui étaient nés de son corps, avec sept Aditi approcha des Dieux et rejeta Mârttânda Avec sept fils, Aditi approcha la première génération des Dieux ; elle enfanta ensuite Mârttânda pour la naissance aussi bien que pour la mort [57] ». — « De quel Dieu, maintenant, duquel de tous les immortels allons-nous invoquer le nom propice ? Qui nous ramènera vers la grande Aditi, afin que je puisse contempler mon père et ma mère ? Invoquons le nom béni d'Agni, le premier des immortels ; il nous ramènera vers la grande Aditi, afin que je puisse contempler mon père et ma mère [58] ». Suivant les cas, elle semble personnifier l'espace infini et lumineux, l'éther, la nature universelle : « Aditi est le ciel, Aditi est l'air ; Aditi est la mère, et le père et le fils ; Aditi est tous les Dieux et les cinq races ; Aditi est tout ce qui est né ; Aditi est tout ce qui naîtra [59] ». Yâska l'identifie avec Prithivî, la terre, avec le couple Dyâvâ-Prithivî, avec Vâtch [60], déesse de la parole et du sacrifice, elle-même confondue avec Sarasvatî, déesse des eaux ; enfin un passage du *Rig-Véda* l'assimile aux eaux du sacrifice : « A tous vos noms, ô Dieux, on doit respect, adoration et culte ; vous qui êtes nés d'Aditi, des eaux, vous qui êtes nés de la terre, écoutez mon invocation [61] », assimilation que corroborent deux autres passages du même Véda [62], où il est dit que les

---

[57] R. V. X, 72, 4-5, 8-9.

[58] R. V. I, 24, 1.

[59] R. V. I, 89, 10.

[60] Vâc.

[61] R. V. X, 63, 2.

[62] R. V. VI, 52, 9 ; et X. 13, 1.

dieux sont « fils de l'Amrita », c'est-à-dire de la libation de Soma [63].

En réalité, le plus grand des dieux védiques, peut-être à l'origine le seul, l'unique, le prototype de tous les autres dont il serait ainsi véritablement le père, — est Agni [64], le Feu : les Védas eux-mêmes nous en fournissent sinon la preuve positive, du moins une présomption sérieuse. Des mille dix-sept hymnes du Rig, près de la moitié lui sont consacrés, et les expressions d'admiration, d'amour, de reconnaissance et d'adoration par lesquelles ils glorifient sa beauté et sa puissance, célèbrent ses bienfaits et affirment sa suprématie, ne le cèdent ni en élévation d'idées, ni en enthousiasme aux invocations et aux louanges qu'ils prodiguent à tour de rôle aux autres grandes divinités. Le doyen des exégètes du Véda, Yâska [65], reconnaît cette prédominance lorsqu'il ramène tous les Dieux à la triade Agni, Vâyou ou Indra, et Sourya, et que, ailleurs, il établit qu'Indra et Sourya eux-mêmes représentent l'Agni terrestre dans l'atmosphère et le ciel. Cette prééminence, du reste, ne doit pas nous sembler extraordinaire si, — nous dégageant des préjugés qui nous fout attribuer le rang suprême à Dyôs à cause de sa ressemblance avec le Zeus grec, ou à Varouna en raison du caractère moral qu'on lui prête et qui, eu réalité, n'est pas beaucoup plus développé chez lui que

---

[63] Cf. P. REGNAUD : *Le Rig-Véda et les origines de la mythologie indo-européenne*, p. 192.

[64] Cf. le latin *Ignis* ; cf. aussi les mythes *d'Hestia* et de *Vesta*.

[65] Voir note 1, page 17.

chez les autres Dieux, — nous considérons, d'un côté, le rôle capital d'Agni dans l'acte le plus saint et le plus obligatoire de la vie religieuse de l'Indien, le sacrifice, et, de l'autre, l'importance que devait avoir la possession et l'entretien du feu chez un peuple très primitif qui semble avoir gardé un souvenir vivace de l'époque de misère où cet élément si précieux de l'existence lui était inconnu [66].

Agni est le plus grand, le premier, le plus ancien des dieux, leur père, leur roi ; il est tous les dieux. Il a trois places : sur la terre, dans l'atmosphère et dans le ciel. Dans le ciel, il est le *pourohita* [67] des dieux, leur directeur religieux ; il préside aux sacrifices qu'ils accomplissent et célèbre lui-même leur culte. Sur la terre, le plus sage et le plus divin des sages, bienveillant pour l'humanité et ne méprisant personne, il est le Seigneur, le guide du peuple qu'il protège en mettant en fuite et détruisant les démons, un père, une mère, un fils, un frère, un parent, un ami pour tous les hommes. Réunissant en sa personne les qualités et les fonctions des différents ordres de prêtres, il est le *hotri* par excellence qui s'éveille avant l'aurore pour adorer et nourrir les dieux, le sacrificateur expert dans tous les rites qui dirige, protège et mène à bien toutes les cérémonies : « Agni, connaissant les saisons (ou les époques) qui conviennent aux Dieux, corrige les nombreuses erreurs que nous autres, hommes ignorants, nous commettons contre vos prescriptions, ô Dieux très sages. Les choses

---

[66] Voir P. REGNAUD : *Les premières formes de la religion et de la tradition dans l'Inde et la Grèce.*

[67] Purohita « prêtre-domestique ou familial, chapelain ».

relatives aux sacrifices que nous ne comprenons pas, nous mortels de peu d'intelligence et de science imparfaite, Agni, le prêtre vénérable qui les sait toutes, les exécute avec précision et adore les Dieux au moment convenable [68] ». Agni est le messager rapide qui assure les communications entre la terre et le ciel, entre les hommes et les dieux à qui il fait parvenir les hymnes et les prières, qui leur porte sur ses flammes les offrandes de leurs adorateurs. C'est le héraut qui convoque les dieux aux sacrifices des hommes, qui les y guide ou les amène sur son char et partage le culte qui leur est rendu. Il est la bouche et la langue par lesquelles les dieux goûtent et mangent l'holocauste, ou bien il les devance et se nourrit le premier des offrandes.

Agni est immortel ; il est même éternel, existant par lui-même antérieurement à la naissance de toutes choses : au commencement, il résidait inmanifesté dans le ciel avant que Mâtariçvan, l'émissaire de Vivasvat [69], l'apportât sur la terre et le confiât aux soins des Bhrigous [70]. Ce qui n'empêche que, suivant leur habituelle insouciance des contradictions, les textes sacrés le représentent comme créé par ces mêmes dieux dont on nous a dit qu'il est le père : « Pendant la nuit, Agni est la tête de la terre [71] ; alors il naît soleil levant au matin. Les Dieux créèrent d'abord l'hymne, puis Agni,

---

[68] R. V. X, 2, 4-5.

[69] Le soleil.

[70] Bhrgu, demi-dieux sacrificateurs, doués d'une grande habileté, qui ont enseigné aux hommes le moyen d'allumer le feu.

[71] Le *Rig-Véda* dit aussi qu'il est la tête de Dyôs.

ensuite l'oblation. Il fut leur sacrifice protecteur : Dyôs, Prithivî, les Eaux le connaissent. Par leur puissance, les Dieux engendrèrent Agni qui remplit les mondes ; ils le façonnèrent pour une triple existence [72], il mûrit les plantes de toute espèce. Quand les Dieux adorables l'eurent placé clans le ciel lui, Sourya [73] fils d'Aditi, les jumeaux [74] actifs vinrent à l'existence, alors ils virent toutes les créatures [75] ». On pourrait croire, peut-être, vu l'époque relativement récente où vivait Yâska, qu'il s'agit ici d'une conception propre à cet auteur et résultant de ce besoin de groupement et de syncrétisme des mythes qui se révèle presque universellement dans toutes les religions parvenues à un certain point de développement, si le *Rig-Véda* lui-même ne nous donnait de nombreuses filiations divines d'Agui résumées, pour ainsi dire, dans le texte du Niroukta. Nous y lisons en effet, qu'Agni a été créé, façonné ou engendré par les dieux ; qu'il est fils de Dyôs, ou de Dyôs et Prithivî qu'il réjouit par sa naissance ; fils de l'Aurore ou plutôt des Aurores ; fils d'Indra ou de Vichnou ; qu'Indra l'a engendré entre deux nuages ou deux pierres (l'éclair jaillissant du choc de deux nuages ou l'étincelle produite par la percussion de deux cailloux) ; enfin qu'il est né dans les eaux, formule qui se prête à deux sens, soit que l'on considère qu'il s'agit des eaux naturelles (pluie ou rivières) dans lesquelles, dit-on,

---

[72] Dans le ciel, sur la terre et dans les eaux

[73] Ici, Agni est expressément identifié au soleil.

[74] Les Açvins. Cependant Yâska déclare que ces jumeaux sont U*s*as et Sûrya.

[75] *Nirukta*, VII, 27, 6-11.

le feu est virtuellement contenu, soit qu'on entende les eaux ou libations sacrificatoires, c'est-à-dire la liqueur alcoolique et le beurre fondu employés à vivifier et développer la faible étincelle obtenue par les procédés primitifs d'ignition en usage au début de la civilisation.

Mais outre sa naissance divine spontanée ou œuvre des dieux, Agni a aussi une naissance terrestre et, en réalité, celle-ci est de beaucoup la plus importante, car elle constitue l'acte capital du sacrifice. Chaque jour, en effet, à l'instant où l'aurore point à l'horizon, Agni naît sur l'autel entre les mains des sacrificateurs habiles à le faire sortir de la « sombre retraite qu'il possède dans les eaux et dans les plantes », et particulièrement dans les deux morceaux de bois sec, les *Aranis*, qu'on nomme pour cette raison les « mères d'Agni ». L'une de ces pièces de bois, solidement maintenue sur le sol, porte une encoche ou est percée d'un trou dans lequel vient s'insérer l'autre arani, taillée en pointe, à qui l'on imprime un mouvement rapide de va-et-vient, soit entre les deux mains, soit au moyeu d'un archet. L'échauffement résultant de ce frottement produit une étincelle que l'on avive à l'aide de la liqueur enivrante appelée *soma* et de libations soigneusement dosées de beurre ou autre matière grasse jusqu'à ce que le feu sacré flambe dans tout son éclat. L'Atharva-Véda [76] nous donne une description intéressante de cet acte ou plutôt de ce rite : « Cet acte de friction, de génération, a commencé : apportez cette maîtresse du peuple [77] ;

---

[76] III, 29, 1.

[77] Selon Muir, l'aranî inférieure, celle qui repose sur le sol.

comme jadis, faisons-en sortir Agni par friction. Ce Dieu est déposé dans les deux aranîs comme l'embryon dans les femmes enceintes. Agni doit être adoré quotidiennement par les hommes qui apportent leurs oblations dès leur réveil. Experts (dans cette opération), mettez le morceau de bois supérieur eu contact avec l'inférieur gisant couché ; étant fécondée, cette Aranî enfante rapidement le vigoureux Agni [78] » qui, aussitôt né, dévore sa mère ou ses parents. D'autres hymnes, en grand nombre, des différents Védas stipulent de quelle manière doivent être faites les libations de Soma et de beurre afin d'activer et d'alimenter ce feu nouveau-né « mangeur de beurre et de graisse », jusqu'au moment où il sera assez fort pour consumer des oblations plus substantielles : gâteaux, riz cuit, grains de diverses sortes, et chair des victimes. C'est alors que commence son rôle de messager et d'intermédiaire entre les dieux et les hommes, de prêtre et de sacrificateur, de protecteur et de créateur des êtres qu'il procrée, produit ou façonne avec l'aide de Soma.

Agni, nous l'avons vu, a trois places ou demeures, — sur la terre, dans le ciel et dans les eaux, — et plus fréquemment encore sur la terre, dans l'atmosphère et dans le ciel, ou il se manifeste sous les formes, diverses en apparence, mais identiques eu réalité, de feu sacré et domestique, d'éclair et de soleil : de là son appellation habituelle de Triple Agni ; de là aussi les *triades* qu'il constitue avec Indra, feu atmosphérique, et Sourya, le soleil, feu céleste ; avec Vâyou, remplaçant parfois

---

[78] J. MUIR : *Original Sanskrit texts*, t. V, p. 209.

Indra, et Sourya ; ou encore avec Soma [79] et Indra, ou Sourya, triades qui sont de véritables *trinités*, puisque leurs éléments se réduisent tous à des formes apparentes et nominales d'Agni. Sur la terre, même, le Triple Agni se manifeste en trinité sous la forme des trois feux sacrés, nominés *Ahavanya, Dakchina*[80] et *Garhapatya*, que tout brâhmane orthodoxe doit pieusement allumer et entretenir dans sa demeure et dans lesquels il accomplira chaque matin et chaque soir les holocaustes obligatoires, feux distincts de celui qui sert aux usages domestiques. Agni est, en effet, l'hôte choyé de chaque maison, son protecteur, son maître ; sa présence sanctifie la demeure du Dvidja [81] et en éloigne les démons et les mauvais esprits. Ce feu sacré, domestique, pourrait-on dire, est le paladium, le symbole de la famille. On l'allume solennellement le jour du mariage du jeune Indien devenant maître de maison [82], et il ne doit s'éteindre qu'après la mort de son possesseur. C'est avec ce feu que sera allumé le bûcher funéraire du maître de maison ; car Agni rend les éléments du corps à la nature et conduit l'âme du mort vers les demeures des dieux. C'est aussi avec un brandon de ce feu que le Dvidja enflammera le bûcher de sa compagne fidèle, si elle meurt avant lui. Son rôle terrestre ne le cède ni en grandeur ni en importance à ceux qu'il remplit dans les deux autres mondes ; car il

---

[79] Soma pavamâna, la libation enflammée, devient identique à Agni.

[80] Daksina.

[81] Dvija « Deux fois né », titre de l'Arya des trois castes supérieures qui reçoit une seconde naissance du fait de l'initiation.

[82] Grhasta.

est l'inventeur du sacrifice, qui ne saurait exister sans lui, des hymnes et de la prière dont ses pétillements out été les premiers accents, le civilisateur par excellence de l'humanité, l'organisateur de la société et de la famille qu'il a constituée par les lois du mariage et réunie autour du foyer domestique ; il est enfin l'inventeur de tous les arts et de toutes les industries, celles principalement qui comportent l'utilisation du feu.

Toutefois, Agni n'agit pas en personne dans cette dernière fonction d'inventeur de l'art et de l'industrie ; il y est suppléé par ses deux doublets, *Tvachtri*[83] et *Viçrakarman*. Sans que son rôle soit aussi nettement défini. Tvachtri tient en partie dans la mythologie védique la place qu'occupe Héphaestos dans celle de la Grèce. C'est l'habile artisan divin, le forgeron expert dans le travail des métaux qui façonne la hache et le *vadjra*[84] d'Indra, le *tchakra*[85] de Vichnou, les flèches de Roudra, des Marouts et des autres dieux ; prototype de toutes les formes, c'est lui qui a donné aux dieux leur aspect et les formes multiples avec lesquelles ils se manifestent ; il a fait le ciel et la terre ; tous les mondes et les êtres, créés par lui, lui appartiennent ; avec la coopération du ciel, de la terre, des eaux et des Bhrigous, il a engendré Agni, dont, par contre, il est aussi quelquefois le fils ; il est le beau-père de Vâyou, le Dieu du vent, et de Vivasvat, le Soleil, à qui il a donné en mariage sa fille Saranyou, mère des Açvins ; il

---

[83] Tva*str*.

[84] Vajra, foudre.

[85] Çakra, disque, roue, autre forme de la foudre.

façonne toutes les formes diverses des hommes et des animaux ; il crée l'un pour l'autre l'époux et l'épouse ; il dispense la puissance génératrice et donne une nombreuse postérité de fils énergiques, vaillants et pieux ; il nourrit et protège ses adorateurs, possède et répartit la richesse ; les Ribhous, ces habiles artisans divins, sont ses disciples, et il est jaloux de l'art qu'il leur a enseigné. La légende védique en fait quelquefois le père d'Indra, avec qui elle le met en hostilité pour la possession du Soma dont tous deux sont également avides [86] : dans la lutte provoquée par cette compétition, son fils, le monstre à trois têtes, six yeux et six bras, *Trita Aptya* ou *Viçvaroupa*, perd la vie, et Tvachtri lui-même est tué par Indra au moment où il va prononcer contre le meurtrier de son fils une malédiction infailliblement mortelle.

Avec des termes un peu différents, nous retrouvons en partie les mêmes traits dans le mythe de Viçvakarman, à qui on semble attribuer cependant de préférence le côté artistique, si l'on peut s'exprimer ainsi, de la création. Viçvakarman, dont le nom paraît avoir été primitivement une épithète d'Indra, est le grand architecte de l'univers ; il a construit les palais des dieux, les forteresses des Asouras et quelquefois aussi les murs des cités des hommes ; il est le seul créateur du ciel et de la terre qu'il a produits par le souffle ou le vent provoqué par le mouvement de ses bras et de ses ailes ; père et générateur universel, tout ce qui existe est sa propriété ; il connaît tous les mondes ; il voit tout ; il possède de tous côtés des visages, des yeux, des mains

---

[86] A. BERGAIGNE : *Religion védique*, t. III, p. 58.

et des pieds ; c'est lui qui a donné aux Dieux leurs noms ; personnification de la puissance divine qui produit et gouverne l'univers, il ne peut être connu par les mortels ; pour séduire et affoler les hommes, il a créé la première femme ; il a inventé le sacrifice universel de l'offrande de tous les mondes, et s'est sacrifié lui-même.

Bien qu'on le relègue souvent à un rang secondaire, en raison sans doute de son origine naturaliste et matérielle trop apparente sous le voile du mythe, il est impossible de séparer *Soma*, d'Agni, à cause de leur intime parenté et de la communauté, de leur action dans le sacrifice. De même qu'Agni personnifie le feu matériel et le dieu de cet élément, Soma est à la fois le dieu de la libation et la libation elle-même, le *soma*. Le soma est en effet un liquide alcoolique, produit par le jus fermenté d'une plante que l'on croit être l'*asclepias acida*, que l'on versait pour l'activer sur le feu sacré au moment où il naissait, faible étincelle, au point de contact des deux aranîs. Cette liqueur fortifiante et excitante est la boisson chère aux Dieux, à Indra surtout, qui y puisent le courage et la force nécessaires pour remplir leur rôle divin de protecteurs de l'univers et lutter victorieusement contre les démons. Le soma, identique à l'*amrita*, donne l'immortalité (la vie, l'activité) ; c'est par lui que les dieux ont acquis leur rang sublime et leur puissance ; c'est pour le posséder à leur tour que les Asouras livrent aux dieux de perpétuelles batailles. Bu par les sacrificateurs et les Richis, il leur procure la sainte ivresse qui inspire leurs chants sacrés et, lorsque leur carrière terrestre sera achevée, il leur donnera dans l'autre monde la vie éternelle et un rang quasi divin. D'origine divine, il était jadis jalousement conservé dans le ciel, d'où il fut volé et apporté sur la terre par le faucon Çyéna ou par la Gâyatrî[87], ou encore par l'oiseau Souparna qui l'apporta à Indra.

En tant que Dieu, Soma joue dans la mythologie védique un rôle dont l'importance est indiquée par le fait que tout le neuvième Mandala du *Rig-Véda* (c'est-à-dire 108 hymnes) lui est consacré, sans compter les nombreux hymnes où il est invoqué en compagnie d'autres dieux. Comme Agni, il est sacrificateur puisqu'il fait naître et nourrit le feu sacré ; il est chantre et poète puisqu'il inspire les chantres ; il est le sacrifice lui-même qui ne saurait exister sans lui. Il est le père et le générateur habile de tous les dieux, même d'Agni ; associé à Agni il a engendré tous les mondes et les créatures ; il assiste Indra et lui donne la victoire dans ses combats contre les éternels ennemis du sacrifice et du monde ; il donne l'immortalité ; il est le prêtre des dieux, le plus sage des Richis, le plus inspiré des poètes. De même qu'Agni, avec qui il est toujours étroitement uni, il a une triple existence : dans le ciel où il est né en tant qu'essence divine du feu, et où il remplit les mêmes fonctions sacrificatoires que dans le monde des hommes ; dans l'atmosphère où son feu liquide pénètre et vivifie les gouttes de la pluie fécondante ; enfin sur la terre comme élément primordial du sacrifice, le feu sacré ne pouvant s'allumer rituellement que grâce à sa collaboration.

---

[87] Gâyatr, hymne consacré au soleil, considéré comme le plus sacré de tous les hymnes du *Rig-Véda*. C'est aussi le mètre poétique dans lequel cet hymne est composé.

De tous les dieux du panthéon védique, *Indra* est incontestablement celui que les hymnes représentent comme le plus fort, le plus énergique, le plus vaillant, le plus puissant, et le plus généreusement disposé à exaucer les suppliques de ses adorateurs ; ils lui donnent déjà le rang de Roi des Dieux qu'il conservera dans toute la littérature sacrée postérieure, même chez les hérétiques Djains et Bouddhistes. Forme du dieu du feu, ainsi que l'indique son nom, — Indra « l'ardent », — il personnifie l'Agni atmosphérique qui se manifeste sous l'apparence de l'éclair. Son origine est obscure et contradictoire, comme celles de tous les autres dieux, car tantôt il semble qu'il soit né spontanément, existant par lui-même, selon le terme consacré ; tantôt on le dit fils de Dyôs, d'Agni, de Tvachtri ou de Soma ; tantôt son père et sa mère innommés sont le plus habile des dieux et la plus féconde des déesses, et, impatient d'une trop longue gestation, il sort du sein de sa mère avec une telle violence qu'il lui donne la mort[88] ; tantôt enfin, mais à une époque postérieure à celle des premiers hymnes du *Rig-Véda*, il est fils d'Aditi et compte par conséquent parmi les Adityas.

Indra est le dieu guerrier par excellence ; à peine né, son premier acte est de s'enquérir des ennemis à combattre et des autres dieux à détrôner ; à ce point de vue, il est bien réellement le patron tout indiqué des Aryas conquérants de l'Inde et de la caste belliqueuse des Kchatrîyas. C'est sans doute aussi à ce rôle de protecteur des armées, de dispensateur de la victoire, qu'il doit d'avoir conservé jusque dans l'Hindouisme le

---

[88] Cf. Agni qui dévore ses parents.

rang suprême de Roi des Dieux. Pas plus que ses congénères, Indra n'était immortel dans le principe : il a acquis l'immortalité et la divinité par ses *tapas*[89], et par la conquête de l'Amrita ou du soma, à qui il doit sa vigueur et son courage, pour la possession duquel il n'a pas reculé devant les meurtres de Trita Aptya et de Tvachtri ; mais sa grandeur et son pouvoir sont instables : des hommes d'une piété transcendante, de sages ascètes peuvent et s'efforcent de parvenir à le détrôner en le surpassant par la rigueur de leurs tapas, par le nombre, l'opulence et la durée de leurs sacrifices[90], et sa préoccupation constante est de leur faire perdre le fruit de leurs œuvres méritoires en les exposant aux tentations de quelque Apsaras[91] qui les fera tomber dans le péché de luxure ou provoquera leur colère par le trouble apporté à leurs pieux exercices, double alternative qui produit le même résultat ; tout acte passionnel, de quelque nature et si passager qu'il soit, détruisant radicalement les mérites religieux le plus longuement et le plus péniblement acquis.

Sous beaucoup de rapports, la manière dont les hymnes du *Rig-Véda* nous décrivent Indra ne diffère pas sensiblement de la formule, en quelque sorte universelle appliquée à tous les dieux. Ils nous disent, en effet, qu'il est le créateur, ou plutôt le générateur du ciel et de la

---

[89] Ardeur, chaleur intense, pénitences et austérités religieuses.

[90] Les sacrifices des Richis en vue de l'obtention du rang divin durent souvent des milliers d'années.

[91] Nymphes célestes d'une beauté irrésistible et réputées dans l'art de séduire, courtisanes du Svarga, ou paradis d'Indra.

terre ; « qu'il a établi le ciel dans l'espace vide ; qu'il remplit les deux mondes (ciel et terre) et l'air (ou l'atmosphère) ; qu'il a soutenu et étendu la terre et que tout cela il l'a accompli sous l'influence de l'ivresse du soma [92] » ; qu'il est le chef de la race humaine et des dieux ; qu'il est le dispensateur de tous les biens, le maître de la pluie fécondante. Plus que les autres, cependant, il est toujours bienfaisant et généreux pour ses adorateurs, et on l'investit de certaines fonctions morales analogues à celles de Varouna : il décide de la destinée des hommes, punit la fraude et surtout l'irréligion : « ne nous tues pas pour un péché, ni pour deux, ni pour beaucoup, ô héros ! [93] » lui crie-t-on ; mais compatissant et indulgent par nature il est toujours prêt à pardonner à ses fidèles Aryas eu échange de riches sacrifices et de copieuses rasades de soma. Il a pourtant un rôle spécial et tout à fait personnel, celui de champion des dieux et des hommes contre les puissances des ténèbres et de la sécheresse, les démons qui mettent obstacle au sacrifice. Les combats qu'il livre contre ces ennemis éternels, Vritra, Ahi, Çambara, Namoutchi, Piprou, Çuchna, Ourana, etc., font le sujet de la plupart des deux cents hymnes que lui consacre le *Rig-Véda*, surtout ceux, particulièrement terribles, qu'il soutient contre Vritra et Ahi, démons décrits comme des serpents ou des dragons monstrueux et que l'on considère généralement comme des personnifications des nuages qui retiennent la pluie et obscurcissent la lumière du soleil. Assisté de Vichnou, des Marouts,

---

[92] R. V. II, 15.

[93] *Id.*

d'Agni, de Soma, des Ribhous, soutenu par les hymnes d'encouragement et les sacrifices des hommes, ivre du soma qu'il a bu avidement, il terrasse, perce et déchire de son vadjra (la foudre) ses redoutables adversaires, délivre les vaches célestes retenues prisonnières dans leurs flancs, fait couler à flot leur lait (la pluie) sur la terre altérée, et fraye de nouveau la route aux rayons du soleil.

Ce mythe est facile à expliquer par les phénomènes météorologiques de l'orage et la lutte traditionnelle entre la lumière et les ténèbres ; mais ce n'est pas seulement contre ces démons qu'Indra prend les armes : il guerroie aussi sur terre pour ses fidèles Aryas, il frappe et abat leurs ennemis, les Dâsas et les Dâsyous. Tantôt il prend une part active au combat, tantôt il se contente d'assurer la victoire par sa seule présence ; mais dans tous les cas, le butin : chevaux, vaches, femmes et autres richesses, devient tout entier la propriété des Aryas. Un point reste à élucider : la nature de ces Dâsas et de ces Dâsyous. Quelques auteurs voient en eux les populations autochtones conquises ou dépossédées par les Aryas : il paraît toutefois plus probable qu'il s'agit simplement d'autres démons, analogues sinon identiques aux Râkchasas, des empêcheurs du sacrifice.

En raison même du rôle et des fonctions qu'on lui attribue, il était naturel que ce dieu guerrier se présentât plus ou moins à l'imagination de ses adorateurs sous la forme, évidemment magnifiée, d'un guerrier humain ; c'est, en effet, ce qui est arrivé, et Indra est, sans contredit, le plus anthropomorphisé des dieux. On lui donne une taille imposante, une belle prestance, une carnation rouge ou dorée, de longs bras, et, il faut bien l'avouer, avec l'apparence d'un homme on lui en attribue aussi les passions et les faiblesses : son courage subit parfois des défaillances, témoin sa fuite devant Vritra, et son penchant pour la luxure est l'objet d'assez nombreuses allusions qui se transformeront plus tard aux légendes peu édifiantes qui lui donnent une ressemblance frappante avec le Zeus grec auquel il s'identifie du reste par beaucoup d'autres côtés. On lui donne des armes diverses : une hache, tantôt en pierre, tantôt en airain, que Tvachtri aiguise ou forge, le vadjra ou foudre qui est son attribut le plus habituel, un arc et des flèches, enfin, comme à Varouna, un filet ou un lacet avec lequel il saisit et lie ses ennemis. Il a pour monture un éléphant, Airavata, le plus beau, le roi des éléphants, ou bien il traverse l'atmosphère son domaine, sur un char, d'or étincelant traîné par deux chevaux rouges ou bais, attelés par la prière, dont la course est aussi rapide que le vol du faucon. Parfois Vâyou, le dieu du vent, lui sert de cocher.

A l'occasion du combat d'Indra contre Vritra, nous avons nommé *Vichnou*[94], parmi les alliés ou acolytes du grand vainqueur des démons. La place faite à ce dieu dans le *Rig-Véda* est loin de laisser prévoir le rang suprême auquel il s'élèvera dans la mythologie postérieure ; à peine s'il est invoqué dans quelques hymnes qui lui donnent les attributs appliqués d'une façon courante à tous les dieux. Son rôle l'indique comme une divinité solaire ou ignée étroitement apparentée à Agni et à Soma, en tout cas comme un

---

[94] Viṣnu.

dédoublement d'Indra, lui-même, nous le savons, identique à Agni. Il possède une double nature, brillante et sombre ou obscure (le feu avant qu'il luise ou le soleil avant qu'il se lève) et sa demeure invisible est aussi celle des morts. Il est habile, rusé, fertile en ressources, et sait mieux qu'Indra venir à bout de l'ennemi si redoutable qu'il soit. Quand Indra l'appelle à son aide, il franchit le monde en trois pas, dont les deux premiers sont visibles et le troisième invisible. Son arme est le *tchakra*[95] ou disque, forme de la foudre identique au Vadjra, ou bien peut-être le disque solaire. On explique le mythe des trois pas de Vichnou, que nous retrouverons plus tard dans l'un de ses nombreux avatârs, par les trois positions du soleil à son lever, au milieu du jour et à son coucher, ou bien par les trois mondes céleste, terrestre et infernal que le soleil parcourt dans sa course quotidienne, et on les rapproche, avec raison, des trois demeures d'Agni et de Soma.

Avec *Sourya*[96] — qui prend aussi les noms de Savitri ou Savitar, de Pouchan, de Pardjanya et de Mitra, peut-être de simples épithètes, mais cependant représentés souvent dans les textes les plus anciens comme ceux de divinités solaires distinctes de lui — nous nous trouvons en présence de la troisième manifestation et la plus élevée d'Agni, du feu céleste. Il semble que ce Dieu, personnification de l'astre du jour, devrait remplir un rôle prédominant, étant donné surtout le caractère solaire qu'on s'accorde généralement à attribuer à la

---

[95] Çakra.

[96] Sûrya.

religion primitive de l'Inde, et cependant il n'occupe qu'un rang tout à fait secondaire. Contrairement à ce que nous constatons pour les autres grandes divinités, on ne dit jamais qu'il soit né ou existant par lui-même. Il est créé ou engendré, placé dans le ciel par les dieux pour éclairer le monde, fils du ciel, fils de Dyôs, d'Aditi (quoiqu'il ne figure pas dans la liste primitive des sept Adityas), des Aurores, d'Indra, d'Agni ou de Soma. Il semble que, chez lui, le caractère, pour ainsi dire matériel, de luminaire ait étouffé la divinité, ainsi qu'on peut le conjecturer par ses dénominations habituelles d'œil du monde, œil du ciel, œil d'Agni, feu sacrificatoire des dieux, ses comparaisons avec un char ou avec une roue circulant dans le ciel. Il paraît, en un mot, beaucoup plus matérialisé que le feu terrestre, Agni lui-même, tout contradictoire que ce fait puisse sembler. Sourya ne laisse pas cependant que de posséder quelques caractères divins : protecteur et âme de tout ce qui existe, choses immobiles ou douées de mouvement, il voit tout, il voit de loin, il connaît les actions des hommes ; monté sur son char rapide il dispense la lumière, règle les jours et les nuits, établit les saisons ; quelquefois même on l'identifie avec le sublime Varouna, ainsi que le montre ce passage d'un hymne du *Rig-Véda* [97] : « Les hérauts conduisent vers les hauteurs ce Dieu Sourya, qui connaît tous les êtres, le manifestant à tous les regards. Éclipsées par tes rayons, les étoiles, semblables à des voleurs, se dérobent devant toi, luminaire qui vois tout. Tes rayons, révélant ta présence, sont visibles pour toute l'humanité, brillants comme des flammes. Traversant le ciel, toi qui vois

---

[97] R. V. I, 50.

tout, tu as créé la lumière, ô Sourya, et éclairé tout le firmament. Tu te lèves et tu te fais voir en présence des Dieux, des hommes et du ciel tout entier. Avec cet éclat qui t'est propre, ô illuminateur, ô Varouna, tu surveilles la race affairée des hommes. Tu as rempli le ciel, ô Sourya, le large firmament, mesurant les jours, épiant tous les êtres. Sept juments rouges t'emportent dans ton char, ô Sourya clairvoyant, Dieu à la flamboyante chevelure. Le soleil a attelé les sept juments brillantes, filles du char ; avec elles, qui s'attèlent toutes seules, il s'avance. Portant nos regards vers la lumière d'en haut, par delà des ténèbres, nous nous sommes élevés jusqu'au plus sublime des astres, Sourya, Dieu parmi les Dieux. »

Avec Sourya peut se clore la liste des grands dieux védiques, car si, de la multitude de ces divinités sans fonctions réellement essentielles qui ne sont guère que des noms divers donnés, à ce qu'il semble, par pures métaphores et par une sorte de fantasmagorie, à des manifestations variées de forces et de phénomènes entièrement analogues sinon identiques, il s'en dégage encore quelques-unes revêtues d'une apparence de grandeur et de puissance capable de produire quelque illusion, célébrées selon les formules pour ainsi dire banales appliquées indifféremment à tous les dieux, telles que Vâyou, Roudra, les Marouts, les Açvins, Yama, Kâma et Kâla, leur rôle secondaire et l'incertitude de leurs fonctions réelles les classent à un rang presque subalterne.

Il semblerait, par exemple, que *Vâyou*[98] ou *Vâta*, « le Vent », en sa qualité d'élément essentiel de l'allumage du feu et de personnification du mouvement (la chaleur et le mouvement sont les caractéristiques de toute vie), dût occuper une place prépondérante, et cependant c'est à peine s'il possède quelques hymnes qui lui soient consacrés en propre sans qu'il soit associé avec Indra. Les chantres védiques ne se donnent pas la peine de nous renseigner sur son origine et, en fait de parenté, nous apprennent seulement qu'il est le gendre de Tvachtri. On le dit actif, rapide, beau ; mais plutôt que les siennes propres, c'est la beauté de son char étincelant, la rapidité de ses coursiers qu'on célèbre : « Je chante la gloire du char de Vâta, dont le bruit déchire et résonne. Touchant le ciel, il s'avance, rougissant toutes les choses, et il marche, chassant devant lui la poussière de la terre. Les bouffées d'air se précipitent à sa suite et se réunissent dans lui comme des femmes dans une assemblée. Assis avec elles sur son char, le Dieu, roi de l'Univers, est porté en avant. Se hâtant, droit devant lui, par les routes de l'atmosphère, il ne s'arrête jamais un seul jour. Ami des eaux, premier né, saint, en quelle place est-il né ? D'où est-il sorti ? Ame des Dieux, origine de l'Univers, ce Dieu se meut au gré de sa fantaisie. On entend son bruit, mais on ne voit pas sa forme. Adorons ce Vâta avec une oblation [99]. » Enfin, quand on l'invoque, on lui demande la richesse, la santé, une longue vie, faveurs dont il détient la dispensation concurremment avec Roudra.

---

[98] Vâyu.

[99] R. V. X, 168, 1-4.

En réalité, Vâyou se présente plutôt sous l'aspect d'un dieu du tonnerre et de l'orage que sous celui de dieu du vent bienfaisant, et ce caractère orageux nous explique son association intime avec Indra et sa fréquente substitution à ce dernier dans la trinité des trois feux terrestre, atmosphérique et céleste, Agni, Vâyou, Sourya.

Roudra[100], « le Hurleur » ou peut-être mieux encore « le Rouge », est généralement présenté, tant par les Indiens que par les indianistes, comme la personnification de l'orage, de l'ouragan, du cyclone dévastateur, et cette identification correspond bien, en effet, aux nombreux passages des hymnes qui respirent la terreur de la colère du redoutable Roudra. Mais il ne faut pas oublier que ce n'est là qu'un des côtés de la personnalité de ce dieu : il possède une double nature, tantôt terrible et presque démoniaque, tantôt bienfaisante, et cette dernière a bien au moins autant d'importance que l'autre ; aussi, croyons-nous qu'il ne manque pas de raisons, aussi nombreuses que solides, pour l'assimiler de préférence à un dieu du feu, feu destructeur à la vérité, éclair ou soleil ardent qui dessèche, broie et dévore, mais également feu bienfaisant, générateur et fécondateur indiqué par ses fonctions de guérisseur des maladies des hommes, de multiplicateur et de protecteur spécial des troupeaux. D'un côté, en effet, il est fréquemment assimilé d'une manière explicite à Agni, et, de l'autre, on lui donne pour épouse *Priçnî*, le nuage dans le sein duquel se forment, d'où naissent les éclairs, ce que le *Rig-Véda*

---

[100] Rudra.

affirme du reste en lui attribuant la qualification de *vache* qui caractérise les nuages dont les eaux sont le lait. De plus, Roudra est lui aussi un archer, et sa flèche fait couler les rivières comme la foudre d'Indra fait couler les eaux prisonnières dans les nuages, mythes absolument identiques. Enfin, il est possesseur et gardien de l'amrita ou du soma au même titre que Dyôs, Varouna et Tvachtri. Roudra, encore comme Varouna, est un justicier : sa colère est provoquée par les contraventions aux lois divines et humaines et surtout par la négligence du sacrifice, *péchés* qui ont les maladies pour châtiment, comme aussi les remèdes infaillibles (l'*amrita*, le *soma*) qu'il dispense sont la récompense de l'adorateur pieux et généreux et du pécheur sincèrement repenti. Ce rôle, on en conviendra, n'est guère celui d'une personnification de l'ouragan.

À Indra, Vâyou et Roudra, le *Rig-Véda* associe, vaguement et à des titres différents, un groupe de quarante-neuf Dieux dénommés collectivement *Marouts*[101], mais qui n'ont point de noms personnels, personnages dont la filiation, la nature et les fonctions sont encore très discutées. En effet, on les rattache quelquefois à Indra ou à Vâyou, et le plus souvent ou leur donne pour parents Roudra et Priçnî, en en faisant des dieux du vent et de l'orage. Mais si nous considérons qu'ils ne sont que très rarement associés avec Vâyou et Roudra, tandis que le *Rig-Véda* en fait presque continuellement les alliés d'Indra dans ses luttes coutre les démons et parfois même les désigne comme

---

[101] Maruta.

ses frères [102] ; qu'ils sont comme lui avides de soma ; que si, comme Roudra, ils sont investis des fonctions de guérisseurs, ces fonctions appartiennent également et même plus habituellement à Agni, à Soma et même à Indra ; que rien n'est moins certain que l'application qu'on leur a fait du nom de *Roudras* ou de *Roudriyas*, puisque par ailleurs les Védas parlent presque toujours de *onze* Roudras seulement ; qu'ils les dépeignent comme brillants, vêtus d'habits et d'ornements brillants, possesseurs de chars étincelants et bruyants, couverts d'armures et armés de lances, d'épieux et de flèches étincelantes et aiguës, il semble plus indiqué de les assimiler aux éclairs qu'aux vents, et peut-être même aux flammes du sacrifice. Quoi qu'il en soit, ils sont fréquemment invoqués, et toujours comme des dieux favorables et bienfaisants, éminents et actifs protecteurs des hommes.

Les deux dieux jumeaux appelés *Açvins* [103] sont pour nous d'une nature tout aussi énigmatique, quoique les hymnes en fassent invariablement les fils de Sourya et de *Saranyou*, fille de Tvachtri, ou de *Sanjñâ*, fille de Dakcha. Quelle que soit la déesse, leur mère, la légende de leur naissance est toujours identique : mariée à Sourya, c'est-à-dire au Soleil, Saranyou ou Sanjñâ ne peut supporter l'ardeur de son époux et, substituant à sa personne une remplaçante illusoire revêtue de toute son apparence, *Tchâyâ* [104] s'enfuit sur la terre où elle se cache

---

[102] R. V. I, 170

[103] Açvinau (forme du duel).

[104] Çâyâ « l'ombre ».

sous la forme d'une jument. Sourya la poursuit, transformé en étalon, et de leur union naissent les Açvins [105]. On les représente tantôt à cheval, tantôt montés sur des chars, souvent assis sur un seul char ou chevauchant sur le même cheval. Ce sont des dieux éminemment et toujours bienveillants : ils font couler les eaux et, avant tout, se présentent comme des médecins faiseurs de cures merveilleuses, mais se distinguent, sur ce point, de Roudra et des Marouts en ce qu'ils ne provoquent jamais les maladies qu'ils guérissent et ne possèdent pas, par conséquent, le même caractère de justicier ; leur sollicitude s'étend également sur les bestiaux et sur les hommes. Ils prennent part au sacrifice en qualité de prêtres et de chantres. Ce sont enfin les protecteurs et parfois les inspirateurs des Richis.

Malgré de nombreuses tentatives d'explication, on ne sait jusqu'à présent à quel phénomène naturel les identifier, tout en reconnaissant leur nature solaire ou ignée. Ils précèdent l'aurore et dissipent les ténèbres, et de ce fait on a proposé de les assimiler aux crépuscules, interprétation à laquelle ne se prête guère leur char unique. On les compare aussi à Indra, feu céleste, et à Agni, feu terrestre, dissipateurs des ténèbres ; ou bien encore on les identifie au soleil levant et au sacrifice matinal. Il faut bien reconnaître qu'aucune de ces interprétations n'explique leur mythe d'une manière satisfaisante.

---

[105] Racine Açva, « cheval ».

Bien qu'il ne tienne qu'une place très secondaire dans les Védas, *Yama* est encore une Divinité qu'il est important de signaler moins en raison du rôle qu'il remplit dans la religion primitive que de celui que lui donnera la mythologie postérieure. C'est un dieu d'une nature tellement indécise qu'on peut se demander s'il est un dieu ou un simple mortel. Il semble, en effet, d'après le Rig et l'Atharva-Védas qu'il soit au début un homme et qu'il n'ait acquis l'immortalité et la divinité qu'après sa mort. Il est le premier mort. Il a frayé la route vers l'autre monde que les Pitris ont suivie après lui, et la connaissant il y guide les âmes des morts vers la direction du sud, au royaume brûlant d'Agni. De ce rôle de psychopompe à celui de juge et de roi des morts il n'y avait qu'un pas, et ce pas a été vite franchi. Souverain du monde des Morts, Yama est bientôt devenu le dieu de la mort et la mort elle-même. Il surveille et connaît toutes les actions des êtres ; il préside à leur naissance, règle leur destinée, fixe la limite de leur existence, et quand cette limite est atteinte ses satellites et ses deux chiens, Çyâma et Çabala (les *Sârameyau* fils de Saramâ, la chienne d'Indra, prototypes de Cerbère) amènent les âmes des défunts devant son redoutable tribunal. Est-ce en raison de ses fonctions de juge inexorable et incorruptible ? est-ce à cause de sa vertueuse résistance aux propositions incestueuses de sa sœur *Yamî* ?[106] Toujours est-il que dès l'antiquité védique, Yama personnifie la loi ou le devoir, *Dharma*, et reçoit le titre de *Dharma-râdja* « Roi de la Loi » qui le suivra jusque dans la mythologie du bouddhisme.

---

[106] R. V. IX, 10.

En raison même de son naturalisme très primitif et de sa conception pour ainsi dire familiale qui donne à chaque dieu une compagne, la mythologie védique doit naturellement être riche en déesses ; mais la plupart de celles-ci sont des entités purement nominales, féminisation du nom du dieu auquel elles sont associées, telles Indranî, Varounanî, etc. Il en est cependant quelques-unes qui remplissent un rôle réellement important et parmi lesquelles figurent en première ligne Prithivî, Aditi, Ditî, Ouchas et les Apsaras.

Nous connaissons déjà les deux premières et n'avons pas à revenir sur leur compte. *Ditî*, bien qu'elle soit fréquemment nommée dans les Védas, a une nature complètement incertaine, tout ce qu'on peut en dire c'est qu'elle paraît avoir été inventée pour servir de contre-partie à Aditi, et personnifier les ténèbres en opposition avec la lumière. Elle est la mère des Daityas, démons géants, les plus redoutables des ennemis des dieux, qui ont une analogie frappante avec les Titans de la mythologie grecque.

Mais, même en tenant compte du rôle cosmogonique et théogonique de Prithivî et d'Aditi, la première et la plus adorée des déesses, celle pour laquelle les chantres védiques trouvent les accents les plus enthousiastes, c'est *Ouchas*[107], l'Aurore, et l'on peut facilement expliquer cet enthousiasme, même en faisant abstraction de toutes métaphores mythologiques, par la joie que procure la première apparition du jour chassant

---

[107] U*s*as.

les ténèbres de la nuit avec ses terreurs de l'inconnu, des fantômes errants et des bêtes fauves, objets de l'effroi de toutes les populations primitives. Ouchas est la plus féminisée des déesses de cette période. On la compare à une jeune fille coquettement parée, à une amante, à la jeune épouse amoureuse qui dévoile pudiquement à son époux les trésors de sa beauté, à une danseuse fière de la perfection de ses formes. « L'aurore, richement vêtue, est comme l'épouse amoureuse qui étale en riant aux regards de son époux les trésors de sa beauté [108] (1) » — « Comme la femme vient à son époux, elle arrive chaque jour au lieu du sacrifice près de celui qui l'honore. — Telle une vierge aux formes légères, ô Déesse, tu accours vers le Dieu du sacrifice. Jeune et riante tu devances le soleil et découvres ton sein brillant. Pareille à la jeune fille que sa mère vient de purifier, tu révèles à l'œil l'éclatante beauté de ton corps. Aurore fortunée, brille par excellence [109]. » — « Comme une danseuse, l'Aurore révèle toutes ses formes [110]. » Ouchas est fille du ciel (*Duhitâ Divas*, cf. θυγάτηρ Διός désignation d'Athéné [111]), mère, épouse ou fille de Sourya, ou bien encore fille de Brâhmanaspati ou de Soma, filiation qui la rattache aux éléments du sacrifice. Toujours bienfaisante, partout où elle passe elle répand

---

[108] R. V. II, 1, II, 7.

[109] R. V. II, 1, II, 9.

[110] R. V. I, 6, XII, 4. Ces citations sont empruntées à la traduction de Langlois.

[111] P. REGNAUD : *Les premières formes de la religion et de la tradition dans l'Inde et la Grèce*, p.72.

sur les demeures des hommes, santé, bonheur, richesse ; elle fait prospérer et se multiplier les troupeaux.

Avec les *Apsaras* nous rentrons dans la catégorie des divinités de caractère changeant et par suite quelque peu démoniaque. Identiques aux Nymphes, aux Péris, aux Fées, ces déesses représentent l'élément humide, les vapeurs légères qui flottent dans l'atmosphère, et probablement aussi, comme la plupart des divinités féminines, les eaux du sacrifice. Belles d'une beauté divine, expertes dans tous les artifices et les séductions, ce sont les danseuses, les chanteuses, les musiciennes, en un mot les houris du Svarga ou paradis d'Indra, chargées de la délicate mission de récréer les dieux, et aussi les dangereux instruments de perdition suscités par le roi du ciel pour troubler et anéantir les méditations pieuses et les pénitences des sages dont les mérites religieux excitent la jalousie soupçonneuse des dieux qu'ils menacent dans leur puissance et même dans leur existence. Parmi ces séductrices on cite comme les plus redoutables Ourvaçî, Rambhâ et Ménakâ. Les Apsaras sont les épouses des Gandharvas, dieux musiciens, eux aussi apparentés à l'élément aqueux et que l'on rapproche des Centaures.

Çrî[112], *Lakchmî*[113], ces déesses qui rempliront un si grand rôle dans la mythologie postérieure, sont à peine nommées dans le *Rig-Véda*, et *Yamî* n'y paraît qu'accessoirement, associée avec son frère Yama. Deux

---

[112] Çr.

[113] Laksmî, déesse de la fortune et de la beauté.

Déesses cependant méritent une mention spéciale : *Vâtch* [114], créée et employée par les Dieux pour séduire les Asouras et les frustrer de la possession de l'amrita qui les aurait rendus immortels, et que nous retrouverons plus tard comme instrument actif de la création [115] ; *Sarasvatî* « la Riche en eaux, celle qui coule », personnification de la libation de même qu'Ilâ et Idâ, qui se confond souvent avec Vâtch (peut-être parce que les paroles de la prière coulent comme de l'eau) et qui deviendra la déesse de la rivière sacrée qui porte le même nom.

LES DÉMONS

Il n'est guère d'hymne des Védas où il ne soit fait mention des démons. Ils sont innombrables et sous les noms divers d'*Asouras* [116], *Daityas*, *Dânavas*, *Nâgas*, *Râkchasas* [117], *Bhoutas* [118], constituent des familles ou groupes, distincts plutôt par leurs dénominations que par les rôles qu'on leur attribue. Ils ne reçoivent aucun culte, même propitiatoire (ou du moins il n'en existe point de trace), et ce n'est, sans doute, qu'à la suite de l'infiltration des superstitions grossières des peuplades

---

[114] Vâc « la parole et peut-être la prière ».

[115] D'après plusieurs textes des Brâhmanas, c'est par *la parole* que Prajâpati crée les mondes et les êtres.

[116] Asura.

[117] Râksasa.

[118] Bhûta.

autochthones qu'on est arrivé à instituer certaines cérémonies destinées à conjurer leurs maléfices. Les démons indiens sont les ennemis des dieux plutôt que des hommes, et la plupart d'entre eux ne nuisent à ces derniers que d'une manière pour ainsi dire indirecte en s'efforçant de leur persuader de négliger le culte des dieux, de leur inspirer le mépris des Védas et des lois divines, de détourner à leur propre profit les sacrifices, surtout d'entraver et de souiller ces sacrifices afin d'en priver les dieux, toutes choses impies desquelles découlent les maux moraux et matériels qui accablent l'humanité.

Les *Asouras* sont les plus grands et les plus puissants de ces démons. Ils sont de même nature et ont la même origine que les dieux, — certains textes nous disent même qu'ils en sont les frères aînés, —et s'ils leur sont inférieurs en puissance, s'ils ne sont pas immortels eux aussi, c'est que par force ou par ruse les Dieux ont réussi à accaparer l'amrita, c'est-à-dire le soma ou la libation des sacrifices des hommes. De là la haine qui les anime, de là les incessants combats qu'ils livrent aux cohortes célestes pour reconquérir l'amrita et les dépouiller à leur tour de la puissance et du rang divins. Chose qui nous paraît étrange, ces démons sont *pieux*, se livrent à des pénitences et à des austérités religieuses, et célèbrent eux aussi des sacrifices dont les mérites leur permettront de détrôner leurs ennemis. Quelquefois même on leur donne le titre de prêtre et de brâhmane. Tel est le cas de Vritra, d'Ahi, Çambara, Piprou, etc., ces éternels ennemis d'Indra, si bien que ce dernier, après sa victoire sur Vritra est obligé de se soumettre à la pénitence imposée pour le meurtre d'un brâhmane. Un peu moins puissants peut-être, les *Daityas*, fils de Diti, et les *Dânavas*, fils de Danou, remplissent un rôle analogue, sinon identique, à celui des Asouras et souvent se confondent avec eux sous une même dénomination. Quant aux *Nâgas*, démons-serpents, leur caractère d'ennemi des dieux est peut-être moins accusé, mais par contre ils sont plus nettement malfaisants pour les hommes. Dans le *Rig-Véda*, les *Râkchasas* se présentent presque exclusivement en perturbateurs du sacrifice qu'ils entravent, arrêtent ou souillent de façon à lui enlever son efficacité ; mais la qualification de *mangeurs de chair* qu'on leur donne prépare déjà leur transformation en dévoreurs d'hommes, en *ogres*, rôle tout mythique d'ailleurs, bien que quelques auteurs penchent à en faire les représentants de peuplades indigènes sauvages et anthropophages. Sous le nom de *Bhoutas*, enfin, on désigne les fantômes et les revenants qui harcèlent et terrorisent les hommes pendant les ténèbres de la nuit : plus tard ce deviendront spécialement les ombres tristes et malfaisantes des êtres impies et pervers, des grands criminels, des hommes morts de mort violente ou bien privés de sépulture, surtout des sacrifices funéraires destinés d'abord à faciliter le passage de leur âme, ou de leur esprit, dans l'autre monde et ensuite à satisfaire ses besoins, à la nourrir dans son existence d'outre-tombe. Quant aux *Dâsas* et aux *Dasyous*, il est difficile de décider si ce sont de mythiques démons analogues à ceux que nous connaissons déjà par leur nature et leurs attributions, ou bien s'il s'agit d'ennemis réels du peuple Arya, des aborigènes contre lesquels il lutte pour la possession du sol, ainsi que le supposent beaucoup d'auteurs des plus sérieux et que l'affirment les exégètes indiens des Védas. Il semble toutefois que, dans le principe, c'était bien de démons perturbateurs du sacrifice qu'il s'agissait, et que peu à peu, par suite des tendances évhéméristes dont les Indiens sont encore plus coutumiers que les autres peuples primitifs, ils sont devenus des adversaires vivants, des représentants de races autochthones belliqueuses pour l'asservissement desquelles les Aryas imploraient l'assistance efficace de leurs dieux, principalement d'Indra le plus énergique et le plus vaillant de tous.

LE SACRIFICE

Qu'il s'agisse d'honorer les dieux, d'invoquer leur intervention contre les démons ou des ennemis réels, d'obtenir d'eux le pardon des péchés ou des grâces matérielles (les seules que demandent les Indiens), fortune, santé, longue vie, nombreuse postérité, victoire, riche butin de guerre, ou bien de nourrir les morts, le moyen employé est toujours le même, le *sacrifice*. Qu'est-ce donc que le sacrifice. Multiple de but et d'intention, cet acte, qui résume en lui toute la vie religieuse de l'Indien, est unique de forme, sauf de légères variantes de détail que l'on peut considérer comme insignifiantes au fond. Cérémonie quotidienne ou occasionnelle, privée ou publique, le sacrifice consiste uniformément dans l'allumage rituel d'un feu, considéré comme sacré, qu'on avive au moyen de libations de matières liquides alcooliques ou grasses et dans lequel on fait briller des offrandes de diverse nature destinées à l'alimenter d'abord, puis à s'élever jusque vers les dieux sur ses flammes et dans sa fumée, le tout accompagné de récitations et de chants d'hymnes de louanges ou d'invocation dont l'emploi, variant suivant les circonstances et les intentions, est méticuleusement et strictement réglé par une liturgie déjà très développée [119], et en partie définitivement fixée.

Un acte aussi sacré ne va pas sans de multiples préparations préalables. Tout d'abord, il s'agit de choisir le terrain, — une surface bien plane sur un monticule ou une place plus élevée que l'espace environnant ; — d'en déterminer les limites et de l'enclore de façon à ce que le sacrifice ne puisse être souillé par le contact, la présence ou le regard d'êtres impurs ; d'en nettoyer scrupuleusement l'aire en faisant disparaître toutes les aspérités ; d'élever au centre de l'enclos un autel de terre recouvert de tiges de l'herbe sainte appelée *Kouça* (sorte de chiendent) disposées les pointes en dehors ; d'y réunir la provision de bois sec nécessaire, le soma, le beurre clarifié et les oblations qu'on se propose d'offrir. On fixe alors sur l'autel la pièce de bois, appelée Aranî inférieure, on introduit dans le trou dont elle est percée la pointe d'un autre morceau de bois appelé Aranî supérieure et, par un mouvement rapide de rotation, on en fait jaillir une étincelle qui, recueillie sur un amas de matières inflammables, est ensuite avivée et développée par des libations de soma et de beurre. Les offrandes consumées dans ce feu consistent habituellement en gâteaux, riz cuit, sésame et grains divers ; les holocaustes de victimes sont plus rares, réservés à ce qu'il semble aux sacrifices solennels ; il est possible, mais pas certain, qu'on ait sacrifié parfois des victimes humaines, en tout cas, le fait n'est pas explicitement

---

[119] A. BERGAIGNE : *La Religion védique.*

exprimé dans le *Rig-Véda*, où le sacrifice déclaré le plus méritoire est celui du cheval, ou *Açvamédha*. Même, en ce qui concerne les sacrifices d'animaux, il y a peut-être lieu de supposer qu'ils n'étaient pas pratiqués ou ne l'ont été que tardivement à l'époque védique, les hécatombes de vaches, de brebis, de chèvres (il est à remarquer que c'est presque toujours de femelles qu'il est question) que mentionnent les trois premiers Védas pouvant très bien viser les femelles mythiques au lait desquelles on assimile si souvent les eaux ou les libations du sacrifice, qui se seraient transformées en animaux réels lorsque, le sens métaphorique des hymnes s'étant obscurci, on a pris à la lettre ce qui n'était dans le principe qu'images poétiques [120]. Mais ici se présente une question aussi importante que difficile à résoudre : Quelle est l'origine et la nature première de ce sacrifice si puissant que non seulement il établit la communication entre les hommes et les dieux et donne la possession de toutes les faveurs désirables, mais encore qu'il crée toutes les choses de l'univers et les dieux eux-mêmes, qu'il leur octroie l'immortalité et les élève au rang divin ? Comment les premiers Aryas — de même d'ailleurs que presque tous les peuples ont-ils pu avoir l'idée d'honorer les dieux en allumant un feu et en lui faisant consumer des offrandes qu'il est censé transmettre ou porter aux Êtres célestes ? L'hypothèse d'une révélation *ad hoc* étant inadmissible, de même que celle d'une invention géniale de quelque habile civilisateur, nous ne pouvons chercher cette origine que dans l'ordre des phénomènes concrets — seuls

---

[120] P. REGNAUD : *Les premières formes de la religion et de tradition dans l'Inde et la Grèce.*

concevables pour l'homme primitif incapable de s'élever à la notion de l'abstrait — d'une action bienfaisante et d'une utilité assez universellement reconnues indispensables pour qu'on lui prêtât une origine et des attributions divines, telles que celles de créateur, de dispensateur de l'immortalité et de la divinité et de souverain bienfaiteur. Or, si nous nous reportons par la pensée aux temps où l'humanité primitive faisait ses premiers pas dans la civilisation, nous constatons que sa conquête la plus précieuse, mais aussi la plus difficile et la plus délicate, a été celle du feu qui a mis dans ses mains ces deux éléments inappréciables du bien-être, la chaleur et la lumière.

Il ne serait donc pas impossible que le point de départ, l'origine du sacrifice, ait été le vulgaire allumage du feu, si difficile à obtenir et à conserver avec les moyens rudimentaires que possédait l'homme primitif, acte tout utilitaire solennisé et sanctifié par la suite en même temps que ce feu bienfaisant était élevé au rang divin [121]. Les offrandes qui sont la nourriture du feu divinisé et qu'on le charge de faire parvenir aux autres dieux, auraient été dans le principe les matières facilement inflammables, graisses et alcools, qu'on employait pour assurer et activer sa combustion. Créés à l'image de l'homme, les dieux agissent dans le ciel de la même manière que l'homme sur la terre, et ainsi s'expliquent les sacrifices, autrement sans but et sans raison d'être, qu'ils accomplissent sans que nous puissions savoir à qui ils les offrent. « Avec le sacrifice,

---

[121] P. REGNAUD : *Les premières formes*, etc.

les Dieux honorèrent le sacrifice ; ce furent les premiers rites [122] »

LE SACERDOCE

Le sacrifice et le culte qui s'y rattachent paraissent être presque exclusivement individuels, non seulement en ce qui concerne les cérémonies dites domestiques (*grihya*) [123], comprenant les trois sacrifices quotidiennement obligatoires (*sandhyâ*) du matin, de midi et du soir, les libations d'eau et les offrandes d'aliments aux ancêtres (les *pitris*) et aux esprits errants, mais même les rites occasionnels plus solennels, tels que les sacrifices (*poudjâ*) [124] en vue d'obtenir des enfants, la santé, la fortune et les cérémonies funéraires, ou *Çrâddhas*. Dans toutes ces circonstances, le père de famille, le maître de maison (*grihasta*) [125] officie, assisté de sa femme et entouré de ses enfants et de ses serviteurs. Même, le caractère essentiellement familial de ces cérémonies s'affirme par le fait que le maître de maison ne peut les accomplir sans l'assistance de sa femme, qui, au moment de l'oblation au feu, doit tenir sa main droite sur l'épaule droite de son mari, en signe d'union parfaite. Du reste, tant qu'il n'est pas marié, le brâhmane ne peut célébrer aucun sacrifice (sauf les

---

[122] R. V. 164, 50.

[123] G*r*hya.

[124] Pujâ.

[125] G*r*hasta.

offrandes aux ancêtres), et s'il devient veuf, il est obligé de se faire suppléer pour les sacrifices obligatoires par un parent marié jusqu'à ce qu'il ait contracté une nouvelle union. A cette époque, le rôle religieux de la femme paraît avoir été plus considérable et plus actif que dans les temps plus rapprochés de nous. Non seulement sa présence est indispensable pour la validité et l'efficacité du sacrifice, mais elle a la charge de préparer et d'apporter les offrandes dans l'enceinte sacrificatoire, de faire chaque soir avec les reliefs du repas familial l'offrande *bali* aux esprits errants, et, en cas d'absence de son mari, le soin lui incombe d'entretenir le feu sacré domestique.

Chaque père de famille exerçant ainsi les fonctions de sacrificateur, de prêtre, pour lui et les siens, il n'existait donc point de sacerdoce constitué, de corps ou de caste dont les membres fussent qualifiés exclusivement, par droit de naissance ou d'élection pour procéder aux divers rites divins. On est même en droit de supposer qu'il n'existait alors aucune caste, la seule mention précise à cet égard se rencontrant dans l'hymne célèbre, appelé *Pouroucha Soukta*[126], qui fait naître les Brâhmanes de la bouche de Pouroucha sacrifié par les dieux, les Kchatrîyas[127], de ses épaules, les Vaiçyas de ses cuisses, et les Çoudras de ses pieds, hymne que l'on a tout lieu de croire interpolé et beaucoup plus récent que les autres hymnes du *Rig-Véda*. Le terme de *Brâhman* se rencontre cependant assez souvent dans les

---

[126] Puruṣa Sûkta. R. V. X, 90.

[127] Kṣatrîya.

Védas, mais pas comme dénomination d'une caste sacerdotale : parfois, il sembler désigner la prière, d'autres fois, il s'applique bien à un prêtre, mais exclusivement à celui qui a la charge de présider et de diriger le sacrifice.

Néanmoins, quand il s'agit de sacrifices publics, intéressant toute la tribu ou le village, nous voyons intervenir certains personnages investis de fonctions spéciales : le *Hotri*, qui chante les hymnes du *Rig-Véda* et procède à l'allumage du feu, l'*Adhvaryou*, chantre du Yadjour-Véda, l'*Oudgâtri*, qui verse le Soma et chante les hymnes du Sâma-Véda ; mais ce paraissent être des fonctions toutes passagères, dévolues probablement à des individus particulièrement versés dans l'étude de chacune de ces Védas, et ne constituant pas un titre permanent. Le sacerdoce n'a dû se constituer que lorsque le développement et la complication du rituel ont exigé une connaissance profonde de la liturgie, connaissance transmise de père en fils comme un héritage.

MORALE — IMMORTALITÉ DE L'ÂME — TRANSMIGRATION

On s'est souvent demandé si les Aryas védiques possédaient des notions de morale et à quel point elles étaient développées chez eux ? Étant donné leur état apparent de civilisation, ils devaient connaître et pratiquer tout au moins les quatre ou cinq principes moraux sans lesquels aucune société ne saurait exister ; mais le *Rig-Véda* ne nous renseigne pas à ce sujet, et il serait difficile qu'il en fut autrement en raison de son caractère tout rituel et liturgique. Nous y voyons bien que certains dieux, surtout Varouna et Roudra, surveillent les actions des hommes, punissent et récompensent, pardonnent les péchés ; mais, en réalité, les crimes ou les offenses qui suscitent leur colère ne sont pas à proprement parler des transgressions morales ; ce sont plutôt des erreurs, des omissions, des négligences rituelles, peut-être même de simples prononciations défectueuses qui rendent inefficaces et même retournent contre le suppliant les formules sacrées (*mantras*) dont une seule syllabe n'aura pas été proférée avec l'accentuation imposée par la liturgie, ainsi qu'on peut le présumer par les hymnes suivants, souvent cités comme preuves du rôle moral de Varouna.

« Je cherche, ô Varouna, m'efforçant de comprendre ce péché ; je m'adresse au Sage pour le consulter. Tous les sages me répondent uniformément : c'est Varouna qui t'en veut. Quel est donc le grand péché, ô Varouna, en punition duquel tu veux tuer ton adorateur et ton ami ? Dis-le moi, ô Dieu inattaquable et ne dépendant que de toi-même, et, délivré du péché, j'accourrai avec adoration près de toi. Délivre-nous des péchés de nos pères, et de ceux que nous avons commis personnellement. O roi, pardonne à Vasichtha comme à celui qui a volé du bétail pour se nourrir ; délie-le comme un veau de ses entraves. Ce n'est pas notre volonté, ô Varouna, qui nous a égaré, mais quelque séduction : le vin, la colère, la passion du jeu de dés, l'inconscience. Le plus fort entraîne le plus faible.

Même le sommeil est une occasion de péché [128] ». — « O roi Varouna, ne me fais pas aller dans la demeure de la terre ! Sois clément, ô Dieu puissant, sois clément ! Je marche, ô maître du tonnerre, tremblant comme une outre gonflée ; sois miséricordieux ! O Dieu brillant et puissant, si j'ai péché c'est par manque de force, sois miséricordieux ! La soif a accablé ton adorateur alors même qu'il était au milieu des eaux ; sois miséricordieux ! Quelle que soit l'offense, ô Varouna, que nous ayons commise, nous mortels, contre le peuple du ciel ; de quelque manière que nous ayons inconsciemment violé tes lois, sois miséricordieux, ô Dieu puissant, sois clément ! [129] ».

Dans ces cieux hymnes rien n'indique la nature du péché dont le suppliant demande la remise ; en l'absence de toute allusion aux prescriptions morales, il semble bien qu'il s'agit ici d'un péché liturgique, et les autres textes du même genre n'étant pas plus explicites, il est permis d'en conclure qu'à cette époque la morale proprement dite n'existait pas dans la religion.

Une autre question non moins controversée est de savoir si les Indiens védiques croyaient à l'immortalité de l'âme. La solution de ce problème soulève une autre question préjudicielle ; celle de savoir quelle nature ils prêtaient à ce que nous appelons l'âme ; question insoluble puisque les philosophes indiens ont discuté jusqu'à nos jours si c'était le souffle vital (*âtman*), l'esprit

---

[128] R. V. VII, 86, 3.

[129] R. V. VII, 89, 1.

(*manas*), l'entendement, la conscience, la mémoire, etc. Pour trancher la difficulté, admettons qu'il s'agit de la survivance de la personnalité ou de l'*ego* de l'homme après la mort. Ainsi posée, la question semble résolue d'une manière affirmative par les textes où il est question des *Pitris* ou ancêtres. De nombreux passages des hymnes nous disent, en effet, que les morts suivent deux routes : celle des dieux (*Devayâna*) et celle des ancêtres (*Pitriyâna*) selon les mérites qu'ils ont acquis par la ferveur de leurs austérités. On peut se demander toutefois s'il s'agit de morts véritables ou d'éléments morts du sacrifice, précisément à cause de l'opposition entre la voie des Dieux qui conduit au ciel et celle des Pitris qui semble devoir être le chemin des régions ténébreuses, domaines de Yama. Un autre fait encore peut militer en faveur de l'assimilation des Pitris, aux feux éteints, c'est la situation méridionale du séjour qui leur est attribué car c'est dans la région brûlante du sud que se trouve le monde ou le ciel d'Agni. D'un autre côté les sacrifices funéraires (*çrâddha*) accomplis soit au moment de la mort, soit plus tard à époque fixe, aux anniversaires du décès, soit enfin quotidiennement, à la fin de chaque Sandhyâ, impliquent bien la croyance à la survivance d'une partie plus ou moins éthérée ou matérielle de l'individu. Peut-être, cependant, serait-il dangereux d'attribuer à cette survivance le caractère d'immortalité. Il serait plus sûr et plus exact de dire que c'est une nouvelle existence que vit dans l'autre monde l'*ego* du défunt, existence dont le bonheur et la durée dépendent des sacrifices accomplis à son intention par ses descendants. Les ancêtres négligés ou ceux dont la postérité est éteinte subissent une seconde mort par inanition, mort définitive cette fois.

Comme complément à cette question de l'immortalité de l'âme, il est à remarquer qu'on ne rencontre dans les Védas aucune donnée précise relativement à la conception de la *Transmigration* ou *Métempsycose* qui deviendra plus tard la base fondamentale de tout le système eschatologique du Brâhmanisme et de la théorie de la rétribution des actes. Mais n'oublions pas que les Védas sont la source et le réservoir de toutes vérités, de toutes connaissances et de toutes lois et que les brâhmanes sont experts à en tirer la sanction de tous leurs usages et leurs préjugés. Toutefois ce n'est que dans les Brâhmanas et les Oupanichads que nous verrons poindre et s'affirmer le dogme fondamental de la Transmigration.

II. BRÂHMANISME PHILOSOPHIQUE

Mythologie, théologie, cosmogonie, théorie de l'immortalité de l'âme, transmigration, morale, lois sociales, sacerdoce, castes, toutes choses qui n'existaient pas dans les Védas, ou n'y existaient qu'à l'état d'allusions vagues susceptibles de toutes sortes d'interprétations, naissent, se développent ou se précisent dans la seconde période de la religion indienne que nous croyons pouvoir qualifier de *Brâhmanisme philosophique* [130], afin de marquer l'action prépondérante exercée sur son développement par les premiers efforts méthodiques du raisonnement, par la curiosité inquiète de l'au-delà, par un esprit de recherche et une liberté de pensée et de parole parfois étonnants d'audace. Trois faits principaux, d'une importance considérable, caractérisent cette période où se constitue définitivement la société indienne : l'éclosion du Panthéisme, la suprématie religieuse et sociale du sacerdoce par l'institution des castes, et l'avènement de la philosophie.

À quelle époque s'est produite cette transformation ? On a souvent soulevé cette question : on la discute encore de nos jours. Les spécialistes les plus autorisés dans l'Inde et en Europe ont émis à ce sujet de savantes hypothèses, proposant des dates qui varient de 1.200 à

---

[130] C'est du reste le terme adopté par Sir Monier Monier Williams dans *Religious Thought and Life in India*.

500 avant notre ère ; mais faute de chronologie et de toute donnée de comparaison avec l'histoire d'autres peuples, elle demeure aussi insoluble que celle du passage du paléolithique au néolithique et de ce dernier aux âges du bronze et du fer dans nos régions. Elle a été, selon toute probabilité, une modification lente, insaisissable dans ses progrès, œuvre non seulement de nombreuses années, mais de siècles.

Littérature sacrée

Notre seul critérium à cet égard est la littérature sacrée dont nous pouvons établir et suivre le développement et la séquence rationnelle, s'il nous est impossible d'assigner des dates, même approximatives, à ses divers monuments. Très riche et éminemment instructive, cette littérature se divise, d'après les brâhmanes, en deux sections bien distinctes : l'une appelée *Çrouti*[131], renfermant les quatre Védas et les ouvrages destinés à en élucider le sens et la portée, c'est-à dire les Brâhmanas, les Aranyakas et les Oupanichads ; l'autre, nommée *Smriti*[132], comprenant des livres de composition plus récente que les plus anciens Brâhmanas et Oupanichads : les Védângas, les Soutras (Kalpa, Grihya et Sâmayatchârika), les Dharma-Çastras et les Niti-Çastras[133].

---

[131] Çruti, « ce qui a été entendu », révélation.

[132] Smṛti, « ce dont on se souvient », tradition inspirée.

[133] Les Indiens modernes font rentrer dans la Smriti, les Itihasas (poèmes

Nous avons déjà fait plus haut une rapide allusion aux livres qui composent le Çrouti, mais il est cependant nécessaire, croyons-nous. d'y revenir avec un peu plus de détails afin d'en bien déterminer la nature et le but, et ce qu'ils peuvent nous fournir de renseignements sur la mythologie, les croyances de leur époque et les manifestations extérieures de ces croyances, c'est à-dire les sacrifices publics, les cérémonies domestiques et funéraires.

Chaque Véda, on s'en souvient, a ses Brâhmanas et ses Oupanichads, en nombre variable, qui le complètent et font partie intégrante de son ensemble ou *Samhitâ*. Ainsi le *Rig-Véda* possède l'*Aitaréya-brâhmana*, le *Kauchitaki-brâhmana* [134] et l'*Aitaréya-oupanichad* ; le Yadjour noir a le *Taittiréya-brâhmana* et la *Taittiréya-oupanichad*, le Yadjour blanc le *Çatapatha-brâhmana*, l'*Iça-oupanichad* et la *Brihad-âranyaka-oupanichad* [135] ; le Sâma-Véda, plus riche et peut-être aussi employé dans un plus grand nombre de cérémonies, possède huit Brâhmanas, dont le plus intéressant porte le titre de *Chadvinça* [136], et deux Oupanichads intitulés *Kéna* et *Tchandogya* [137] ; enfin l'Atharva-Véda se contente du seul *Gopatha-brâhmana*, mais s'attribue par contre cinquante-deux Oupanichads, tenues d'ailleurs pour les plus modernes de toutes. Ces

---

épiques) et les Purânas.

[134] Kauṣitaki.

[135] Bṛhad-Aranyaka-Upaniṣad.

[136] Saḍvinça.

[137] Çcandogya.

ouvrages sont naturellement de dates très différentes et ceux annexés à l'Atharva, entre autres, doivent être rangés à une époque sensiblenient postérieure au cinquième siècle avant notre ère. Parmi les Brâhmanas, l'Aitaréya, le Kauchitaki et le Taittirîya sont considérés comme les plus anciens, tandis que le Çatapatha est classé comme relativement moderne. C'est cependant pour nous le plus précieux par la quantité et la variété des documents qu'il nous fournit, surtout en ce qui concerne les légendes mythologiques.

Considérés dans leur ensemble — sans même faire exception de ceux tenus pour relativement modernes qui, en somme, ne font que broder des variations nouvelles sur le thème antique des Védas et surtout du Rig — les Brâhmanas se présentent à nous comme les plus anciens rituels, les plus anciennes traditions, les plus anciens essais de philosophie et de linguistique que nous connaissons. Simples recueils d'hymnes à l'usage du sacrifice, les Védas ne donnent aucune indication précise sur les phases, les applications, les formes multiples de ce sacrifice eu égard aux intentions diverses que les circonstances peuvent faire naître ou imposer. Cette lacune, les Brâhmanas la comblent. Ils exposent avec grand luxe de détails toutes les cérémonies védiques, non point sans doute telles qu'elles se célébraient dans l'antiquité, mais telles qu'on les pratiquait à l'époque de leur composition suivant une tradition transmise par les pères à leurs fils sans plus en saisir complètement le sens et la portée ; aussi entrent-ils à propos de chaque rite en de longues et minutieuses explications, souvent diffuses et même puériles, sur leur origine, leur raison d'être et leur sens soit pratique, soit mystique, à l'appui desquelles ils font intervenir de nombreuses légends, presque toujours inspirées par des allusions mythiques du *Rig-Véda*, copieusement développées et souvent dénaturées par l'imagination du ou des auteurs du Brâhmana, qui sont le point de départ de toute la mythologie subséquente. Mais là ne se borne pas leur rôle : ils spécifient et expliquent avec une extrême précision l'usage qui doit être fait des hymnes, de certains de leurs vers, voire même des divers mètres poétiques, suivant la nature de la cérémonie et les cas particuliers qui requièrent sa célébration, et deviennent par là de véritables manuels ou livres d'offices des sacrificateurs, prêtres et chantres, Hotris, Adhvaryous, Oudgatris, Ritvidjs, Brâhmanes, chargés d'officier suivant les prescriptions non seulement des Védas, mais même des écoles lithurgiques (*Çâkhâs*) que chacun des Brâhmanas représente.

Ainsi qu'on le voit, il n'est pas trop aventuré d'avancer que la composition de ces ouvrages a été provoquée par l'incertitude où l'on était à un moment donné sur le véritable sens et l'application des textes védiques qu'ils étaient chargés d'expliquer et de préciser — ce qu'ils ont fait la plupart du temps d'une manière tout empirique — et que le fait même de leur nécessité est la preuve la plus convaincante de la très haute antiquité des Védas, devenus obscurs et incompris.

Probablement un peu plus récentes, les plus anciennes *Oupanichads*[138] ont un tout autre caractère. Elles se préoccupent peu de la partie technique — si on peut s'exprimer ainsi — du sacrifice et du sens

---

[138] Upaniṣad.

traditionnellement accepté des hymnes des Védas. Ainsi que leur nom même (« Doctrine Esotérique ») l'indique, elles ont un but plus élevé, plus spirituel, la recherche du sens mystique et de l'enseignement ésotérique, renfermés dans les Mantras. Elles sont amenées par là à aborder des questions abstraites, absolument inconnues aux Brâhmanas, et frayent à l'esprit indien la voie de la philosophie et de la métaphysique où il ne tardera pas à se jeter à corps perdu. Ne se contentant plus des légendes mythiques, complaisamment développées par les Brâhmanas, les Oupanichads traitent de l'origine de l'univers, de sa création en tant qu'œuvre divine ou génération spontanée, de la nature et de la puissance des dieux, de la nature de l'âme humaine et de ses rapports avec l'âme divine, de la nature et des rapports de l'esprit et de la matière, et dans toutes ces questions elles font preuve d'une liberté, d'une indépendance de pensée qui va jusqu'au matérialisme et même à l'athéisme. En ce qui concerne les dieux, notamment, il semble que leurs auteurs aient eu encore présente à l'esprit, avec une lucidité étonnante, l'ancienne origine naturaliste et purement imaginaire de ces personnifications des forces de la nature et des éléments du sacrifice.

Un point très intéressant à noter est leur indépendance de tout excluvisme brâhmanique, si marqué cependant dans les autres livres religieux. Il semble qu'à leur époque la suprématie de la caste sacerdotale n'était point encore entrée dans l'ordre des faits établis, car elles nous montrent souvent des brâhmanes allant chercher la science sacrée auprès des saints rois de la race kchatrîya.

La même liberté de pensée se rencontre également dans les *Aranyakas*, autres ouvrages religieux qui traitent, comme les Oupanichads, du sens mystique des cérémonies, de la nature des dieux, de la création, etc., et qui parfois même les dépassent en audace agnostique ; phénomène qui se comprend si l'on songe que ces écrits s'adressent exclusivement aux *Vanaprachtas*, c'est-à-dire aux brâhmanes qui, ayant accomplis tous leurs devoirs sociaux, abandonnent le monde et vont vivre en ascètes dans les forêts, indifférents à tout, supérieurs aux lois et aux prescriptions humaines et divines, désormais incapables, quoiqu'ils fassent, de commettre un péché, les crimes mêmes qu'ils pourraient perpétrer se changeant pour eux en actes méritoires.

En tête de la section des Ecritures dénommée *Smriti*[139], « Tradition » qui jouit, en tant que divinement inspirée à ses sages auteurs, d'une autorité presque égale à celle de la Çrouti, les Indiens placent les *Védângas* ou « Membres des Védas » ainsi qualifiés parce qu'on les compare aux membres corporels par l'intermédiaire desquels l'esprit agit. Au dire des brâhmanes, les Védângas résument les six sciences indispensables pour comprendre et appliquer les Védas, représentées par autant de séries d'ouvrages très variables de forme, d'étendue et de date, dont quelques-uns même sont incontestablement postérieurs à notre ère, et, n'était l'application qui en est faite aux textes védiques, seraient mieux à leur place dans la littérature hindouiste, appelés

---

[139] Sm*r*ti.

Kalpa-Soutras, Çikchâ, Tehhandas, Nirouhta, Vyâkarana et *Djyoticha.*

Les *Kalpa-Soutras*, intitulés aussi *Çrauta-Soutras* à cause de leur connexion intime avec le Çrouti, sont des guides ou manuels pour l'application traditionnelle et efficace des Mantras (ou hymnes védiques) et des prescriptions rituelles des Brâhmanas aux rites du sacrifice. Les dogmes et les règles liturgiques y sont exprimés en de courtes formules dans lesquelles les syllabes et les lettres, employées à la façon des termes algébriques, représentent souvent toute une idée, et dont l'extrême concision a nécessité par la suite de nombreux commentaires et gloses, d'ailleurs fréquemment contradictoires. Il a été impossible, jusqu'à présent, de leur attribuer une date ; cependant on suppose que quelques-uns d'entre eux pourraient peut-être remonter jusqu'au sixième siècle avant notre ère. Chaque Véda possède ses Çrauta-Soutras spéciaux : ainsi au *Rig-Véda*, ont annexés les Soutras intitulés *Açvalâyana, Çânkhâyana* et *Çaunaka* ; au Sama-Véda, le *Maçaka*, le *Lâtyâyana*, et le *Drâhyâyana* ; au Yadjour noir, l'*Apastamba*, le *Baudhâyana*, le *Satyâchadha*, le *Mânava*, le *Bhâradvadja*, le *Vâdhûna*, le *Vaikhanasa*, le *Laugakchi*, le *Maitra*, le *Katha* et le *Vârâha* ; au Yadjour blanc, le *Kâtyâyâna* ; et enfin à l'Atharva-Véda, le *Kauçika*.

La *Çikchâ*[140], « Prononciation », comporte la connaissance parfaite des lettres et de leur valeur mystique, des accents, de la quantité de chaque syllabe, et de l'articulation exacte de chaque lettre, syllabe ou

---

[140] Çiksa.

mot. Son importance découle de ce fait que chaque vers, mot ou lettre, possède une valeur mystique qui lui est propre, et que l'omission d'un mot ou d'une lettre, une simple erreur d'accentuation enlève à l'invocation toute son efficacité. Cette science était représentée jadis, dit-on, par de nombreux traités en vers : il n'en reste plus aujourd'hui que quatre *Prâtiçâkhyas*, se rapportant au *Rig-Véda* au Yadjour noir, au Yadjour blanc et à l'Atharva-Véda, un chapitre de la Taittiriya-âranyaka, et un court traité attribué au célèbre grammairien Pânini.

La section intitulée *Tchandas*[141], « Prosodie », expose les règles de la poésie religieuse et stipule les mètres poétiques applicables dans les diverses circonstances qui peuvent se présenter. Son utilité tient, elle aussi, à la croyance en l'efficacité mystique du mètre. Sauf quelques passages empruntés au Brâhmanas, elle ne se compose que de traités de date récente, tous postérieurs à l'ère vulgaire.

Le *Niroukta*, « Explication », n'est représenté que par un seul traité, tellement concis qu'il a nécessité plusieurs glossaires, où son auteur, Yâska, donne une explication étymologique (souvent fantaisiste ou arbitraire) et l'interprétation les termes obscurs ou vieillis qui se rencontrent dans les Védas. On ne connaît pas exactement l'époque où vécut Yâska ; mais le fait que le Niroukta est cité par Pânini permet de supposer que cet ouvrage date au moins du sixième siècle avant notre ère.

---

[141] Çcandas.

Le *Vyâkarana*, « Grammaire », n'est également représenté que par un seul ouvrage ancien, la Grammaire de Pânini, qui naquit dans le Gandhâra, au commencement du cinquième ou à la fin du sixième siècle. Toutefois cet auteur cite dix autres traités, dont particulièrement ceux de Gargya et de Bhâradvadja, antérieurs à son temps. La grammaire de Pânini, qui fait toujours loi en fait de linguistique sanscrite, a été l'objet de deux importants commentaires critiques par Kâtyâyana et Patandjali.

Quant au *Djyoticha*[142], « Astronomie et Astrologie » (ces deux sciences se confondent toujours dans l'Inde), à part un court traité de trente-six vers que l'on croit pouvoir faire remonter au quatrième siècle avant notre ère, il ne se compose que d'ouvrages relativement modernes portant le titre collectif de *Siddhânta*. On en cite neuf principaux, dont le plus important et le plus fréquemment cité est le Sourya-Siddhânta.

Les *Soutras*[143], dénommés fréquemment *Smarta-Soutras* ou *Smarta-Çâstras* pour les distinguer des Çrauta ou Kalpa-soutras compris dans les Védângas, constituent la seconde division de la Smriti. Ils comprennent deux séries de livres : 1° les *Grihya-Soutras*[144], collection de nombreux ouvrages traitant des règles qui président au culte domestique, sacrifices quotidiens obligatoires, cérémonies ou sacrements qui

---

[142] Jyotisa.

[143] Sûtra.

[144] Grhya-sûtra.

consacrent la vie individuelle et familiale de l'Indien depuis sa conception jusqu'à sa mort, sacrifices aux ancêtres, cérémonies funéraires ou *Çrâddhas*, et attribués pour la plupart à des sages déjà connus comme auteurs de Védângas, Açvalâyana, Çânkhâyana, Gobhila, Pâraskara, Kâthaka, Baudhayana, Bhâradvâdja, Apastamba, etc., 2° les *Samayâtchâra-Soutras*[145] guides des pratiques quotidiennes conventionnelles, des usages et de la bonne conduite. Il serait téméraire de tenter de fixer des dates à la composition de ces Soutras, mais ce que l'on peut affirmer c'est qu'ils sont tous antérieurs à Manou qui les cite parfois et leur emprunte des passages entiers de son célèbre code.

Cette nomenclature des écritures sacrées traditionnelles se clot par la série des *Çâstras*[146], comprenant les *Dharma-Çâstras* ou Codes de lois, et les *Niti-Çâstras* ou livres de morale. Les premiers ont été très nombreux, et à l'heure actuelle on en connaît encore vingt dont les articles, trop souvent contradictoires, sont appliqués de temps à autre par les tribunaux locaux ; mais en réalité les deux seuls qui jouissent d'une autorité universelle sont ceux de Manou et de Yâdjnavalkya. Le plus connu, le *Mânava-Dharma-Çâstra*, ou code des lois de Manou[147], ne ressemble guère à ce que nous appelons un code. C'est un volumineux ouvrage, divisé en douze livres ou chapitres

---

[145] Samayâcâra-sûtra.

[146] Çâstra, « livre, traité, règle ».

[147] Peut-être serait-il plus exact de dire Code des lois de la tribu des Mânavas.

(dout le premier et le dernier sont incontestablement des interpolations récentes), qui commence par un récit de la création, expose ensuite les devoirs religieux des brâhmanes et des membres des deux autres castes supérieures, les règles relatives aux sacrifices et en particulier aux Çrâddhas (sacrifices funéraires), la législation civile et criminelle, les peines de ce monde et de l'autre et consacre un chapitre tout entier aux devoirs politiques du souverain.

Quant aux *Niti-Çâstras*, livres d'éducation populaire comparables à ce que nous appelons « Morale en action », ce sont des recueils, en prose entremêlée de vers, de préceptes de morale et de conduite, de proverbes et de maximes, ou bien encore de contes et de fables. Le *Pantchatantra*[148] et l'*Hitopadéça* sont les types parfaits de ce genre de littérature.

Quelques auteurs croient pouvoir rattacher à la Smriti de cette période les *Itihasas* ou Poèmes épiques, dont le *Mahâbhârata* et le *Râmâyana* peuvent être pris pour types. Que ces poèmes qui, de même d'ailleurs que toute la littérature même profane de l'Inde, ont pris leur source dans les idées et les légendes des Védas et des Brâhmanas, aient pu commencer à s'élaborer à cette époque, c'est à peu près certain ; toutefois leur caractère nettement sectaire et la prédominance qui y est donnée aux Dieux Vichnou et Çiva nous paraissent devoir les classer dans la littérature de la troisième période du Brâhmanisme ou Hindouisme.

---

[148] Pañca-tantra.

ÉCOLES PHILOSOPHIQUES

Par contre nous pensons qu'il convient de rapporter à l'époque brâhmanique proprement dite, sinon le développement complet, du moins l'éclosion et les premières affirmations des six *Darçanas* ou grandes écoles de la philosophie indienne, malgré l'opinion, assez répandue, qui prétend voir en elle le produit de l'influence de la civilisation grecque répandue dans l'Inde à la suite de la célèbre expédition d'Alexandre et de la constitution du royaume indo-grec de Bactriane. En tout cas si l'on admet cette influence, il faut la faire remonter bien plus loin que l'invasion d'Alexandre, car le Bouddhisme, qui lui est antérieur d'environ deux siècles, implique nécessairement l'existence d'au moins cinq de ces écoles dont on retrouve chez lui non seulement les idées fondamentales, mais encore des propositions tout entières. Sans nier la possibilité d'une certaine influence de la Grèce sur l'Inde qui la connaissait dès le sixième siècle peut-être, car Manou parle des *Yavanas*[149], réputés pour leurs talents militaires, leurs sciences et leurs arts, il nous semble difficile de lui attribuer l'inspiration première et la formation de la philosophie indienne. De ce que Pythagore et Platon ont enseigné le dogme de la métempsycose, par exemple, il ne s'en suit pas fatalement que l'Inde le leur ait emprunté, et si l'on veut s'embarquer dans la théorie des emprunts le contraire serait plus vraisemblable, car cette conception philosophique constitue de temps immémorial la base

---

[149] Nom sanscrit des grecs.

de la religion des Indiens, et on en trouve les premières indications dans les Oupanichads et les Brâhmanas et même les germes, informes à la vérité, dans les Védas. S'il y a d'ailleurs d'assez nombreuses analogies entre les conceptions philosophiques des deux peuples (ce qui n'a rien d'étonnant au fond, étant donnée leur parenté d'origine) elles se séparent aussi par de profondes divergences tant dans leur fond que dans leurs méthodes de recherches et de raisonnement.

Les six Darçanas [150] — qu'on nomme *Nyâya*, *Vaiçéchika*, *Sânkhya*, *Yoga*, *Mimânsâ*, et *Védânta* et auxquelles on attribue respectivement pour fondateurs les sages Gotama, Kanâda, Kapila, Patandjali, Djaimini et Vyâsa, — sont bien toutes essentiellement indiennes aussi bien de forme que de fond, et de la première à la dernière filles des Oupanichads et des Brâhmanas, des Oupanichads surtout dont elles constituent le développement normal. Elles se distinguent des systèmes philosophiques des autres peuples, de celui de la Grèce en particulier, par ce caractère spécial, — qui s'est perpétué dans toutes les autres productions postérieures, — qu'au lieu d'avoir uniquement pour but la recherche rationnelle et scientifique, pour ainsi dire désintéressée, de la vérité, elles sont toujours intimement liées à la religion, en font partie intégrante. Si elles s'efforcent de déterminer la nature des dieux, de l'âme humaine, de l'esprit et de la matière, l'origine du bien et du mal, les rapports entre l'homme et la divinité, ce n'est pas pour satisfaire une noble curiosité de l'au-delà, de l'absolu, de l'infini, mais pour découvrir le

---

[150] Darçana « démonstration ».

meilleur moyen, le plus certainement efficace, de délivrer l'humanité de l'existence, — le plus grand des maux, la source de tous les maux dans l'idée d'un Indien, — en lui procurant quelque procédé infaillible pour s'absorber dans l'essence divine de l'âme universelle. Tenter de fixer une date à la fondation de ces écoles, voire même de leur attribuer un ordre de succession, serait une entreprise aussi téméraire que de vouloir établir l'authenticité historique de l'existence de leurs fondateurs dont nous retrouvons les noms parmi les auteurs mythiques de Védângas, de Soutras, de Çâstras, et dont l'un même est le célèbre « Arrangeur » (*Vyâsa*) des Védas, le compositeur universel à qui l'on attribue la parenté de tous les ouvrages anonymes. Toutefois, les Indianistes européens s'accordent à peu près unanimement à considérer le Sânkhya de Kapila comme la plus ancienne de ces écoles. L'ordre dans lequel se succèdent les Darçanas est tout arbitraire : c'est celui qu'ont adopté les philosophes indiens, sans que nous connaissions de raisons de ce classement, exception faite pour le Védânta qui semble bien être le dernier en date, étant donnés les emprunts qu'il fait aux autres systèmes, et aussi parce qu'il n'a reçu son plein développement qu'à une époque très tardive, du huitième au neuvième siècle de l'ère chrétienne, sous l'impulsion de Çânkaratchârya, le grand apôtre de l'Hindouisme et l'adversaire acharné du Bouddhisme.

Le nom de Gotama, attribué au fondateur de l'école Nyâya, ne nous est pas inconnu ; nous pourrions dire au contraire qu'il nous est trop connu, car il est porté par trois personnages célèbres (sans compter nombre d'autres de moindre renom et le légendaire Gotama, souche de la famille du Bouddha Gautama) : le Richi auteur d'hymnes du *Rig-Véda* et ancêtre de l'une des plus importantes Gotras (tribu ou famille) brâhmaniques, — le sage ascète, époux de la belle Ahalyâ, traité par Indra de la même manière que Zeus en usa avec Amphitryon, — et un grammairien, auteur présumé d'un Dharma-Çâstra. Il est probable que c'est ce dernier, guère moins mythique que les deux autres, qui est visé dans le cas présent.

Le terme *Nyâya* « Analyse » définit bien la tendance et le but de cette école qui s'est proposé d'établir une méthode philosophique précise pour les recherches sur tous les sujets et les objets de l'activité spirituelle humaine et, en particulier, de déterminer les voies et moyens par lesquels la pensée et le raisonnement peuvent parvenir à la connaissance de la vérité dans l'ordre moral et matériel. C'est ainsi qu'elle définit, par exemple, quatre moyens (*pramâna*) d'acquérir la notion exacte d'un sujet quelconque : perception par les sens (*pratyakkcha*), déduction (*anoumâna*), comparaison (*oupamâna*), témoignage digne de foi (*sabda*) ; ce dernier comprenant la révélation renfermée dans les Védas et autres écritures sacrées. C'est elle, également, qui a inventé ou consacré la quintuple division du raisonnement méthodique en : proposition (*pratidjñâ*), raison (*hetou*), exemple (*oudâharana*), application de la raison (*oupanaya*), conclusion (*nigamâna*) ; procédé adopté et suivi à son exemple par toutes les écoles philosophiques de l'Inde qui l'exposent sous la forme de ce syllogisme devenu classique : « Il y a du feu sur cette montagne, — car elle fume ; — où il y a de la fumée, il y a du feu ; — or cette montagne fume, — donc il y a du feu sur cette montagne ».

La part très large, presque prédominante, faite par cette école aux règles du raisonnement, lui a valu la réputation d'être exclusivement logique ; réputation injustifiée, car, si elle s'abstient de traiter ou ne traite qu'accidentellement de la nature des dieux et du monde matériel, elle étend ses recherches et ses spéculations à l'âme, au corps, aux sens, aux objets des sens, à l'entendement ou intelligence, à l'esprit, à l'activité humaine, aux fautes ou péchés, à la transmigration ou métempsycose, aux conséquences résultant des actes, à la souffrance et à la délivrance finale des maux de l'existence. Elle résume ses vues sur la question de l'existence, véritable obsession pour tous les Indiens, dans ce court Soutra — « misère, naissance, activité, fautes, notions erronées ; en détruisant successivement chacun de ces éléments, on détruit aussi celui qui le précède immédiatement ; alors vient la délivrance finale », — que l'un de ses commentateurs, Vatsyâyana, développe en ces termes : « D'une notion fausse naissent la partialité et le préjugé ; de là découlent les fautes de calomnie, envie, tromperie, enivrement, orgueil, avarice. Agissant revêtu d'un corps, un individu commet des injustices, des vols, des actes sensuels interdits, devient faux, insensible, meurtrier. Cette activité vicieuse produit le démérite. Mais accomplir dans un corps des actes de charité, de bienveillance et de dévouement, être véridique, utile aux autres, désintéressé et respectueux, cela produit le mérite. Donc le mérite et le démérite sont *nourris* par l'activité. Cette activité est la cause des naissances viles aussi bien que des honorables. La douleur accompagne la naissance. Ceci comprend les sentiments (ou plutôt sensations) de malheur, de souffrance, de maladie et de chagrin. L'émancipation est la délivrance de tous ces maux. Quel être intelligent ne désirera pas être délivré de tout mal ? Car on dit qu'il faut rejeter loin de soi les aliments empoisonnés. Il faut éviter le plaisir, inséparable de la peine [151] ». Cette conception nyâyiste de la cause des misères de l'existence et des moyens d'y mettre fin pénètre toute la philosophie indienne, et nous la retrouverons comme base fondamentale des doctrines hétérodoxes des deux grands schismes, le Djaïnisme et le Bouddhisme.

Doit-on considérer le *Vaiçéchika* [152] comme une école distincte ou comme un simple développement ou supplément du Nvâya ? Les avis sont partagés sur cette question. Les Indiens le tiennent pour un système à part, et nous ne voyons point de raison pour ne pas les suivre dans cette voie, sous la réserve cependant que cette école a adopté les principes et la méthode du Nyâya, et par là peut en être considérée comme une branche. Nous ne parlons pas de son prétendu créateur, Kanâda ou Oulouka [153], qui parait être un personnage entièrement mythique. A part cette question de méthode et de principes généraux de raisonnement, l'école Vaiçéchika se sépare nettement du Nyâya par le fait qu'elle a pris le monde physique et matériel, négligé ou exclu par le Nyâya, pour objet principal de ses recherches, qu'elle répartit dans sept *Padârthas* ou catégories :

---

[151] SIR MONIER MONIER WILLIAMS : *Indian Wisdom*, p. 65.

[152] Vaiçeṣika.

[153] Ulûka.

1° Substances, *dravya*, comprenant la terre, l'eau, la lumière, l'air, l'éther, le temps, l'espace, l'âme et l'esprit ;

2° Qualités ou propriétés, *gouna*[154], des neuf substances : couleur, saveur, odeur, tangibilité, quantité, extension, individualité, connexion, disjonction, priorité, postériorité, compréhension, plaisir, peine, désir, aversion, volition ;

3° Actes, *Karman* ;

4° Généralité ou communauté de qualités, *samanya* ;

5° Particularités, *viçécha*[155], qui distinguent les neufs substances les unes des autres ;

6° Relations intimes constantes, *samavâya*, telles que celles qui existent entre une substance et ses propriétés, entre un objet composé et la substance dont il est formé, etc. ;

7° Inexistence ou Négation de l'existence, *abhava*.

Un point intéressant à noter, à cause de ses conséquences dans la théorie de la création ou plutôt de la formation de l'univers matériel, consiste dans ce fait que le Vaicéchika considère cinq des neuf substances — la terre, l'eau, la lumière, l'air et l'esprit comme atomiques. Par atome, *anous*, il entend quelque chose

---

[154] Guṅa.

[155] Viçeṣa.

d'existant sans cause, éternel, infiniment petit, invisible, impalpable, indivisible et imperceptible pour les sens. La création des mondes et des êtres est le résultat de l'agrégation de ces atomes sous l'impulsion et par la puissance irrésistible d'une force invisible, nommée *Adrichta*[156], qui est constituée par les actes des mondes antérieurs. Il n'y a donc pas d'intervention divine dans la création, bien que le Vaiçéchika comme le Nyâya admettent l'existence d'une âme universelle suprême, appelée *Paramâtman*, distincte du *Djivâtman*[157], ou âme individuelle des êtres.

Les âmes individuelles sont éternelles, éternellement séparées les unes des autres, distinctes du corps, des sens, et de l'esprit, infinies, douées d'ubiquité, répandues et circulant partout dans l'espace, mais ne peuvent agir que dans le lieu où se trouve leur corps. Ce corps lui-même est de deux sortes : un corps matériel grossier que l'âme revêt au moment de la naissance et dont elle se dépouille au moment de la mort, et un corps subtil, enveloppe éternelle de l'âme, qui la met à même de goûter les récompenses célestes ou de subir les peines infernales.

Avec le *Sânkhya* de Kapila, école matérialiste et presque athée, évolutionniste au sens exact que nous attachons aujourd'hui à ce terme, nous entrons dans un ordre d'idées tout différent. Il établit quatre axiomes fondamentaux, d'ailleurs adoptés d'après lui par la

---

[156] Adrṣta.

[157] Jivâtman.

presque unanimité des autres écoles : 1° Rien ne peut sortir de rien : 2° Ce qui n'est pas ne peut pas évoluer en ce qui est ; 3° La matière ne peut pas sortir de l'esprit ; 4° Rien ne se crée, rien ne se perd. Partant de là il proclame l'éternité indestructible de la matière, ou plutôt de deux matières : l'une subtile, appelée *Pouroucha*[158] ; l'autre grossière, *Prakriti*[159]. Pouroucha est légion, car c'est en réalité la multitude innombrable des âmes qui existent de toute éternité distinctes les unes des autres, conservant éternellement leur individualité propre. Ces âmes sont intelligentes, mais passives ; seules dépositrices du principe de vie, elles ne peuvent cependant créer et assistent seulement comme de simples spectatrices désintéressées aux actes et aux phénomènes de la création. On les décrit d'ordinaire comme de petites flammes d'un pouce de dimension. Prakriti, par contre, est inintelligente mais active, et renferme en elle à l'état virtuel les germes de toutes les existences matérielles qui constituent vingt-trois *tattvas* ou entités, se développant par évolution et comprenant : le *Bouddhi*[160], ou Intellect, l'*Ahankâra*, ou conscience de l'individualité ou du moi, les cinq *Tanmâtras*, éléments subtils qui produisent les cinq éléments grossiers : Ether, Air, Lumière, Eau et Terre, et enfin onze organes : les cinq organes des sens, les cinq organes d'action et le *Manas*, ou esprit, produits par l'Ahankâra. Elle possède de plus les trois qualités, *gounas*, de pureté (*sattva*), d'activité ou de passion

---

[158] Puru*s*a.

[159] Prak*r*ti.

[160] Buddhi.

(*radjas*)[161], et d'ignorance ou d'obscurité (*tamas*). Toutefois, livrée à elle-même Prakriti ne peut produire que des apparences, des illusions (*mâyâ*) ; pour créer des objets réels il lui faut la coopération de Pouroucha, qui seul peut donner la vie à ses créations. Isolée, Prakriti est au repos, ses trois gounas sont en équilibre parfait. Qu'un Pouroucha (ou une âme) s'aventure dans son voisinage, aussitôt elle entre en mouvement et déploie toutes ses ressources d'illusions multiples pour exciter sa curiosité, le séduire et l'attirer dans son orbitre (les auteurs indiens la comparent à une danseuse experte en séductions) ; si elle réussit, elle l'enveloppe aussitôt d'un corps matériel et un être est né, minéral, plante, animal ou homme suivant que l'une des trois gounas prédomine en lui. Le Pouroucha ainsi captivé conserve la conscience de son état antérieur de liberté et de félicité, et ressent la misère de sa situation actuelle et tous ses efforts tendent à se dégager de cette enveloppe matérielle qui l'étreint ; mais il ne peut y parvenir qu'à la longue en usant par d'innombrables transmigrations sa gangue grossière, parcourant lentement toute l'échelle des conditions de l'existence, du minéral ou de la plante à l'animal, à l'homme et au dieu. Comme on le voit, il n'y a point de place dans ce système pour un dieu créateur, — bien que certaines écoles Sânkhyistes admettent l'existence d'une Ame universelle suprême, *Paramâtman*, distincte des âmes individuelles, — ni même pour la divinité qui n'est qu'une étape de la pénible pérégrination du Pouroucha captif de Prakriti. L'objectif, le but de la philosophie du Sânkhya est d'enseigner au Pouroucha humain la voie la plus sûre et

---

[161] Rajas.

la plus expéditive de se libérer des liens de Prakriti, et cette voie est la *science* qui dévoile l'inanité et l'irréalité des œuvres de Prakriti en en faisant connaître à l'initié les origines et les procédés.

C'est la même obsession du salut, c'est-à-dire de la délivrance de la transmigration, qui remplit et dirige la doctrine du *Yoga* de Patandjali [162], école philosophique que l'on pourrait considérer, jusqu'à un certain point, comme un rameau du Sânkhya, si elle ne s'en séparait radicalement par le fait qu'elle admet l'existence d'un Dieu suprême, *Içvara*, « le Seigneur », identique à l'âme universelle, souverain régent de l'univers, bien que n'exerçant pas les fonctions de créateur [163]. Il n'est même pas certain que ce Dieu souverain exerce une action quelconque d'impulsion ou de direction sur la création, qui paraît rester le résultat d'une évolution fatale réglée par les *Karmas* [164] des mondes antérieurs. Un autre point important de divergence entre le Sânkhya et le Yoga, c'est que ce dernier considère les âmes individuelles comme des émanations ou des fractions infinitésimales de l'essence même d'Içvara. De là découle sa conception du salut effectué par l'union intime (*yoga*) de l'âme individuelle avec Içvara, union que les écoles subséquentes transformeront en absorption. La question ainsi posée et résolue, il restait à trouver et à formuler les voies et moyens de parvenir à cette union avec l'Etre suprême, et le Yoga en impose

---

[162] Patanjali.

[163] Actes.

[164] Voir R. BALLANTYNE : *Yoga-sûtra*.

trois : la concentration de l'esprit dans la méditation abstraite sur la nature et les qualités de l'Etre suprême ; le maintien de l'esprit dans un état de calme imperturbable ; la destruction ou suppression absolue des passions. L'absorption de l'esprit dans la méditation s'obtient par l'observation simultanée de huit pratiques rigoureuses : continence, observances des prescriptions et rites religieux, posture du corps, suppression ou régulation de la respiration, maîtrise des sens, application de l'esprit, contemplation et extase. Le maintien de l'esprit dans le calme exige le détachement de toutes les choses et les préoccupations du monde, et par conséquent la vie érémitique. La destruction des passions, *vayrâgya*, qui amène à la connaissance d'Içvara, à qui tout se rapporte, découle de la stricte observation des deux autres pratiques, auxquelles viennent s'ajouter comme particulièrement efficaces les *tapas*, austérités ou pénitences religieuses, poussées jusqu'aux plus incroyables tortures corporelles, que les *Yogis* pratiquent de nos jours encore avec ferveur. Il est vrai que les *tapas* passent pour assurer au religieux qui les accomplit dans toute leur rigueur non seulement l'union posthume avec Içvara, mais encore, en ce monde, l'acquisition et la possession de pouvoirs surnaturels, autrement dit le don de faire des miracles de tout temps en grand honneur dans l'Inde. Un mysticisme et un ascétisme extravagants sont les résultats naturels de ces doctrines poussées à leurs conséquences extrêmes ; nous devons, toutefois, constater qu'il serait injuste de rendre le Yoga responsable de ces extravagances ascétiques : elles exitaient et étaient en grande faveur longtemps avant son apparition, ainsi que les Oupanichads et les Brâhmanas nous en fournissent de nombreuses preuves ; mais le Yoga a certainement contribué dans une large mesure à leur diffusion dans toutes les sectes religieuses de l'Inde.

La *Mîmânsâ* de Djaimini, ou *Pûrva-Mîmânsâ*, ainsi qu'on l'appelle souvent pour la distinguer duVédânta qualifié *Uttara-Mînânsâ*, ne justifie à vrai dire son titre de philosophie que par sa méthode logique de poser et résoudre les questions, exposant d'abord les opinions qu'elle tient pour erronées et développant ensuite ses objections et sa doctrine sur le sujet. Elle est du reste purement ritualiste. Ecartant de parti-pris tous les problèmes relatifs à la nature des dieux, de l'âme, de l'esprit, de la matière et à leurs rapports mutuels, elle se consacre exclusivement à l'interprétation de l'antique rituel védique avec, semble-t-il, la prétention passablement ambitieuse de redresser les fausses interprétations des diverses sectes rationalistes et panthéistes, déjà nombreuses à cette époque, et de les mettre finalement d'accord sur le dogme orthodoxe en leur prouvant leurs erreurs respectives. Pour elle, le Véda est tout ; toute vérité y est renfermée ; il possède en lui-même et par lui-même une autorité absolue indiscutable qui n'a besoin d'être appuyée par celle d'aucun dieu. Elle n'affirme ni ne nie l'existence d'un dieu supreme : il peut exister, mais son existence n'est ni indispensable, ni même nécessaire [165]. On doit à la Mîmânsâ l'invention ou tout au moins l'énonciation de la théorie — qui a pris par la suite une si grande importance dans le mysticisme indien — de l'éternité des mots et des sons. La parole proférée ne se perd

---

[165] SIR MONIER MONIER WILLIAMS : *Indian Wisdom*, p. 99.

jamais ; elle conserve éternellement sa valeur et son action.

Ainsi que nous l'avons dit précédemment, il est probable que le *Védânta*, lui aussi, a fait son apparition à peu près à cette époque, en raison des traces qu'on en trouve dans les doctrines bouddhiques ; mais il a eu une telle influence sur le panthéisme postérieur et n'a reçu son plein développement à une époque si tardive que nous croyons devoir renvoyer à la troisième partie de ce volume l'exposé de ce système philosophique.

MYTHOLOGIE

À première vue, il semble qu'il n'y ait pas grands changements dans la mythologie de cette époque. Nous retrouvons tous les dieux védiques, nominalement au moins ; seulement ils se sont anthropomorphisés, ils ont pris l'apparence de monarques ou de guerriers ; les mythes à peine indiqués dans le *Rig-Véda*, ont pris consistance, se sont développés en légendes ; enfin les fonctions souvent vagues des dieux se sont précisées : les uns ont gagné en importance, d'autres ont déchu, d'autres encore ont totalement changé d'attributions.

Au premier rang parmi les favorisés se range Indra. Il a conservé sous l'anthropomorphisme la personnalité et les traits grandioses que lui donne le *Rig-Véda* ; il est définitivement reconnu pour le Roi des dieux, et le paradis où il réside, le *Svarga*, est le lieu le plus parfait de béatitude céleste. C'est toujours le guerrier vaillant et invincible éternellement prêt à combattre les démons ennemis des dieux et des hommes ; mais ses sempiternelles batailles sont reléguées au rang des antiques traditions héroïques ; le monarque du ciel a déposé sa foudre et ne le reprend que lorsque quelque grand danger menace ses fidèles Aryas. La plupart du temps, il préside royalement et partage avec les héros les délices du Svarga, entouré de la troupe des danseuses et des musiciens célestes, les Apsaras et les Gandharvas.

Roudra, dont le rôle était si peu marqué, devenu le dieu destructeur de l'orage et de l'ouragan, tend à se placer parmi les grands dieux et prélude ainsi au rôle grandiose qu'il remplira par la suite sous le nom, encore inconnu, de *Çiva*.

Vichnou également, ce doublet d'Agni simple satellite d'Indra, voit sa personnalité s'affirmer et grandir, sans que pourtant rien en lui ne fasse encore présager de sa grandeur future, sauf peut-être sa réputation de conseiller subtil.

Sourya conserve ses fonctions de dieu du soleil, auxquelles il ajoute celles de générateur et de fécondateur, s'assimile définitivement les mythes similaires au sien de Savitri et de Pouchan, reste et restera toujours l'un des plus grands dieux du panthéon indien.

Par contre, Agni, Varouna et Soma subissent une déchéance marquée. Le premier, peut-être parce qu'il était difficile de l'anthropo-morphiser étant donné son aspect matériel toujours visible, bien qu'il ait sa place et son culte dans toutes les maisons en qualité de dieu du foyer domestique, semble être devenu spécialement le dieu des Brâhmanes, de même qu'Indra est devenu le patron attitré des Kchatrîyas.

De souverain du ciel, Varouna tombe au rang secondaire de dieu des eaux, avec des fonctions et une légende qui rappellent, en plus efface, celles de Poseidôn et de Neptune. Soma, qui n'est plus guère invoqué, reçoit la souveraineté de la Lune, sous le prétexte assez difficile à expliquer que cet astre est le réservoir inépuisable du soma. Quant à Dyôs, cet antique père de l'univers, il n'est plus qu'une entité purement nominale.

Mais à côté de ces modifications, en somme de peu d'importance, il s'est passé un fait capital : la conception d'un Etre suprême, éternel ou tout au moins antérieur au monde, créateur de l'univers, *Pradjapati*[166], *Pouroucha*[167] ou *Brahma*[168]. Le point de départ de cette conception de l'Etre suprême paraît être l'hymne 90 du dixième Mandala du *Rig-Véda*, dans lequel les dieux sacrifient Pouroucha, « le Mâle du Sacrifice », afin de constituer l'univers avec les fragments de son corps ; seulement, là, les dieux sont coexistants avec Pouroucha, au lieu d'être ses créations ou ses émanations comme dans les mythes postérieurs, tels que nous les trouvons exposés clans les plus anciens Brâhmanas, l'Aitaréya, le Taittirîya et le Çatapatha. Les

---

[166] Prajâpati « le Seigneur des créatures ».

[167] Puruṣa « le Mâle ».

[168] Il s'agit ici du *Brahma*, neutre, de qui *Brahmâ*, masculin, est une émanation.

récits de ces livres présentent d'assez grandes différences, souvent même un même ouvrage donne des variantes presque contradictoires ; aussi est-il difficile de déterminer avec quelque précision la nature de cet Etre suprême, esprit ou matière primordiale, intelligence ou force.

Ainsi le Taittirîya-Brâhmana [169], après avoir déclaré que Pradjâpati est identique à l'univers, nous apprend qu'au commencement cet univers n'était rien, qu'il n'existait ni ciel, ni terre, ni air. Quand l'*Inexistant* désire se manifester à l'existence, il entre en fermentation ou en combustion spontanée. Alors il se produit de la fumée, du feu, de la lumière, de la flamme, des rayons, puis l'eau, le ciel, la terre. S'appuyant ensuite sur la terre comme base solide, l'Inexistant devenu Existant, fait naître les Asouras [170] de son abdomen, les êtres vivants de ses organes de génération, les saisons de ses aisselles et les dieux de sa bouche. Mais quelques lignes plus bas, le même Brâhmana déclare : « L'esprit naquit de l'Inexistant. L'esprit créa Pradjâpati. Pradjâpati créa la succession des êtres. Tout ceci, toutes les choses qui existent, repose absolument sur l'esprit ».

La Taittirîya-Aranyaka nous fournit un récit de la création très différent dans ses détails et même dans son fond. Dans le principe tout était eau, et au sein de cette eau, Pradjâpati [171] naquit sur une feuille de lotus.

---

[169] II, 2, 9, 1.

[170] Asura, démon.

[171] Identique à Brahma Svayambhu.

Possédé du désir de créer il se livra à une pénitence ardente, puis secouant son corps, de sa chair il créa le richi Arouna-Kétou, et de sa partie fluide une tortue, qui se changea en Pouroucha, l'homme à mille têtes, mille yeux, mille pieds. Alors, Arouna-Kétou, sur l'ordre de Pradjâpati, prenant de l'eau dans le creux de ses mains, la porta aux six points cardinaux, créant ainsi ces six régions et les dieux Sourya, Agni, Vâyou, Indra et Pouchan qui président respectivement à l'est, au sud, à l'ouest, au nord et au nadir, et en créant le zénith il fit naître en même temps les Dévas, les hommes, les Pitris, les Gandharvas et les Apsaras. Des gouttes d'eau tombées de ses mains pendant cette opération naquirent les démons Asouras, Rakchasas et Piçatchas. En somme ce passage peut se résumer ainsi : les eaux primordiales fécondées par la sagesse, produisirent *Brahma Svayambhou*, le générateur de toutes choses. Tout est donc Brahma Svayambhou, et tout provient des eaux.

Dans les nombreux passages où il traite de l'origine et de la création de l'univers, le *Çatapatha-Brâhmana* nous présente une conception plus moderne et plus méthodiquement exposée de ces deux questions. Sans spécifier quelle est la nature de Pradjâpati, un passage [172] identifie Pradjâpati avec l'univers et rapporte l'œuvre de la création comme accomplie par le moyen du souffle. « Pradjâpati était dans le principe cet univers, seul uniquement ». Il eut ce désir : « Créons de la nourriture et multiplions-nous ». Il forma des animaux de son souffle, un homme de son âme, un cheval de son œil,

---

[172] VII, 5, 2, 6.

un taureau de sa respiration, un mouton de son oreille, un bouc de sa voix ». Ailleurs [173] encore, l'auteur du Brâhmana revient sur cette même idée : « Pradjâpati créa les êtres vivants. De ses airs vitaux supérieurs, il créa les dieux : de ses airs vitaux inférieurs, les créatures mortelles. Ensuite il créa la Mort dévoreuse des créatures ». Dans un autre passage [174], où Pradjâpati est de nouveau identifié à l'univers, nous avons un récit de la création qui paraît être la source de la légende pourânique : « Cet univers était primitivement une âme seulement, sous la forme de Pouroucha. Regardant autour de lui, il ne vit rien que lui-même. Il dit d'abord : Ceci est *moi*. Alors il devint un être ayant le nom de *Moi*. .... Il eut peur. C'est pourquoi un homme seul a peur. Il fit cette réflexion : « Il n'existe aucune autre chose que moi : de quoi suis-je effrayé ? » Alors sa crainte se dissipa. Car pourquoi eut-il eu peur ? C'est d'une seconde personne que l'homme a peur. — Il n'éprouva pas de satisfaction. C'est pourquoi une personne seule n'éprouve pas de satisfaction. Il désira une compagne. Il était alors semblable à un homme et une femme étroitement enlacés. Il partagea en deux parties son individualité. De là apparurent un mari et une femme (Manou et Cataroûpâ) [175].................. Il cohabita avec elle. D'eux les hommes naquirent. Elle pensa : « Comment, après m'avoir tirée de lui-même, ose-t-il cohabiter avec moi ? Ah ! cachons nous ! —

---

[173] X, 1, 3, 1.

[174] XIV, 4, 2, 1.

[175] Çatarûpâ « qui a cent formes », un des noms de Vâc, la déesse de la parole.

Elle devint une vache et l'autre un taureau, et il cohabita avec elle ; d'eux naquirent les animaux de la race bovine .... De cette manière naquirent par paires les creatures de toutes espèces, jusqu'aux fourmis ».

Il est inutile d'insister sur l'intérêt de ce récit où se dessine, plus nettement que dans les autres Brâhmanas, le mythe du Dieu suprême androgyne dans son état d'inactivité primordiale et se scindant en mâle et femelle, c'est-à-dire développant son énergie représentée par le principe féminin, quand il veut faire œuvre de création, mythe qui se retrouve dans la mythologie pourânique en la personne de Çiva Ardhanârî, dans le brâhmanisme et le bouddhisme tantriques. Mais il nous faut nous arrêter un instant à un autre procédé d'action du créateur, celui de la création par la parole, dont nous trouvons également un curieux exemple dans le *Çatapatha-Brâhmana*[176] : « En prononçant *bhûh*, Pradjâpati engendra la terre. En prononçant *bhuvah*, il créa l'air et en prononçant *svah*, il créa le ciel. Cet univers est aussi vaste que ces mondes. Le feu est placé dans le tout. En disant *bhûh*, Pradjâpati engendra le Brâhmane ; en disant *bhuvah*, il engendra le Kchattra :[177] et en disant *svah*, il engendra le Viç[178]. Le feu est dans le tout. Disant *bhûh*, Pradjâpati s'engendra lui-même, disant *bhuvah*, il engendra la postérité ; disant *svah*, il engendra les animaux. Ce monde comprend le Moi, la descendance et les animaux. Le feu est dans le

---

[176] II, 1, 4, 11.

[177] Kṣatrîya, la caste des guerriers.

[178] Vaiçya, caste des commerçants.

tout ». La Vàdjâsanéyi-Samhitâ [179] nous fournit une autre forme de ce mythe, qui se rattache au dogme de l'efficacité et de l'éternité de la parole et du son [180] ; mais ici, c'est en articulant les nombres impairs de un à trente et un que Pradjâpati créa les mondes, les Dieux, les hommes et tous les êtres [181].

Cette conception encore bien vague et surtout variable du Dieu suprême se précise peu à peu sous l'influence des spéculations philosophiques, prend de plus en plus une allure spiritualiste et aboutit enfin à celle de l'Ame universelle, essence et origine de toutes choses, existant en tout, en qui tout doit s'absorber, fondement du Panthéisme hindou, nettement exposée pour la première fois dans le Mânava-Dharma-Çâstra [182]. Suivant Manou, Brahma (l'Etre existant par lui-même, l'Ame universelle) voulant tirer les êtres vivants de son propre corps, créa les eaux et y déposa un *œuf d'or* renfermant son émanation, Brahmâ le démiurge, qui en sortit au bout d'un an, brisant l'œuf en deux parties, dont la supérieure constitua le ciel, l'inférieure la Terre. À ce moment Brahmâ, lui aussi, est androgyne. Il se sépare en deux parties, mâle et femelle, et crée ainsi Sarasvatî (personnification de la libation) ou Vâtch (déesse de la parole), avec laquelle il engendre Virâdj, père de Manou Svâyambhouva, lui-même père des Dieux, des Richis, des hommes, des démons et de

---

[179] Ou Yajur blanc.

[180] Voir page, 102.

[181] Vâjasaneyi-samhitâ, XIV, 28.

[182] G. STRÉHLY : *Lois de Manou*, I.

tous les autres êtres. Toute la création se trouve ainsi issue de Brahma ou de l'Ame universelle suprême.

Cosmogonie

Ces divers récits de création nous amènent naturellement à des mythes cosmogoniques qui étaient, eux aussi, inconnus aux Védas ; car on ne saurait sérieusement accepter même comme un rudiment primitif de cosmogonie la mention des *Trois Mondes*, ciel, air ou atmosphère, et terre. Avec les Brâhmanas surgit un système de cosmogonie et de cosmologie, non moins mythique mais plus élaboré que celui des Védas, inspiré sans doute par les données nouvelles de la mythologie. La terre, — qui comprend la surface terrestre, le *Patala*, région souterraine mais cependant lumineuse (?), demeure des génies (Asouras, Daityas, Yakchas, Nâgas), et les *Narakas*, ou enfers, région ténébreuse, — est la base solide de tout l'univers. Elle repose sur les eaux d'un océan, appelé souvent *Mer de Lait*, qui l'enserre de toutes parts [183], et dont les convulsions produisent les phénomènes sismiques. À son centre se dresse le mont *Mérou*, gigantesque pilier qui supporte le ciel, et sur les flancs duquel s'étagent les demeures ou paradis des différents Dieux, celui d'Indra, le *Svarga*, en occupant le sommet. Quant à la surface terrestre, elle est divisée, suivant les époques, en trois, quatre ou sept continents disposés concentriquement autour du Mérou et séparés les uns des autres par des

---

[183] Cf. le Grand Océan qui enveloppe la terre dans la mythologie grecque.

océans : le continent central celui où se dresse le Mérou, est le Djamboudvîpa [184], l'heureuse et sainte contrée des Aryas, c'est-à-dire l'Inde, appelée aussi *Bhârata-Varcha* ou Pays de Bharata, du nom de son premier roi.

« Tout composé doit fatalement subir des modifications constantes et finalement périr par la désagrégation et la dissolution des éléments qui concourrent à sa formation », est un axiome unanimement accepté par tous les sages de l'Inde, déistes ou panthéistes, rationalistes ou matérialistes. L'univers, quelle que soit son origine, émanation de l'essence divine, œuvre d'un demiurge, ou évolution spontanée d'une matière éternelle, n'échappe pas à cette loi. Son existence est limitée à la durée d'un *Jour de Bhahmâ*, au terme duquel il subit une dissolution complète, suivi d'une *Nuit de Brahmâ* de durée égale pendant laquelle ses éléments disassociés se reposent pour se réagréger de nouveau au réveil du démiurge. L'ensemble du Jour et de la Nuit de Brahmâ constitue ce qu'on appelle un grand Kalpa, *Mahâ-Kalpa*. Un Jour de Brahmâ se compose de mille Kalpas, comprenant chacun quatre *Yougas* ou Âges, nommés *Krita*, *Trétâ*, *Dvâpara* et *Kali*, à l'expiration desquels l'univers subit une destruction partielle et momentanée, châtiment des crimes et de l'impiété des hommes du dernier âge. La durée du Krita-youga est de 4.800 années divines ; celle du Trétâ de 3.600 ; celle du Dvâpara de 2.400 ; et celle du Kali de 1.200 ; soit un total de 12.000 années divines, ou de 4.320.000 années terrestres, un jour des Dieux équivalant à une année humaine. Le Jour de Brahmâ

---

[184] Jambudvipa.

représente donc 4.320.000.000 d'années terrestres, et pendant ce temps le monde est gouverné et protégé par quatorze monarques divins, nommés *Manous*, dont les règnes successifs et égaux en durée sont appelés *Manvantaras*. Sept Manous se sont manifestés jusqu'à présent dans le Kalpa actuel, dont le dernier est *Manou Vaivasvata*, fils du soleil, le générateur de la race humaine après la catastrophe du déluge, mythe d'ailleurs récent dont on ne trouve aucune trace dans les Védas.

LES CASTES

Il existe dans l'Inde, on le sait, quatre Castes rigoureusement fermées, ne pouvant contracter entre elles aucune alliance matrimoniale, ne pouvant même pas entretenir de l'une à l'autre des relations d'amitié intime, ni surtout partager le même repas, celle des *Brâhmanes*, classe sacerdotale, des *Kchatrîyas*, guerriers, des *Vaiçyas*, marchands, et des *Çoudras*, artisans et agriculteurs, avec, au-dessous d'elles, une multitude de *Rejetés* ou *Hors-Castes*, êtres impurs dont la présence, l'attouchement ou le simple regard constituent une souillure nécessitant des purifications pour les hommes de Castes, et rendant inefficaces les sacrifices.

À notre point de vue européen, les Castes constituent une institution purement sociale. Il n'en est pas ainsi dans l'Inde, où, de toute antiquité, elles ont le caractère d'une institution religieuse, divine, déterminant et limitant les droits et les devoirs des différentes classes de la population, non seulement dans leurs relations mutuelles, mais surtout en ce qui concerne les cérémonies cultuelles et, avant tout, le privilège de l'*Initiation* et de la connaissance des Ecritures sacrées exclusivement réservé aux membres des trois Castes supérieures, qualifiés *Dvidjas* [185] « Deux fois nés » en raison de la *naissance spirituelle* que leur confère l'Initiation, et dont les Çoudras, à plus forte raison les Hors-Castes, sont inexorablement exclus. Chez les Indiens, cette institution se rattache intimement aux mythes de la création : ils la font même remonter jusqu'aux Védas, bien qu'on n'en trouve point de traces précises dans ces livres, en invoquant l'autorité de l'hymne du *Rig-Véda* célèbre sous le nom de *Pouroucha soukta* [186] :

« Pouroucha a mille têtes, mille yeux, mille pieds. De tous côtés enveloppant la terre, il la dépasse d'une longueur de dix doigts. — Pouroucha est lui-même cet univers tout entier, tout ce qui a été, tout ce qui sera. Il est aussi le Seigneur de l'Immortalité quand, étant nourri, il s'étend. — Telle est sa grandeur, et Pouroucha est supérieur à cela. Toutes les existences réunies constituent un quart de sa personne, et ses trois autres quarts sont tout ce qui est immortel dans le ciel. — Avec trois quarts, Pouroucha est monté vers les hauteurs. Un quart de lui est de nouveau né ici-bas. Il s'est alors répandu dans les choses qui mangent et celles qui ne mangent pas. — De lui naquit Virâdj et de Virâdj naquit Pouroucha. Une fois né il s'étendit au delà de la terre, en arrière et en avant. — Quand les Dieux

---

[185] Dvija.

[186] Puruṣa-sukta, *Rig-Véda*, X, 90.

célèbrèrent un sacrifice avec Pouroucha pour oblation, le printemps fut son beurre, l'été son combustible, l'automne l'offrande. — Cette victime, Pouroucha né au commencement, ils l'immolèrent sur le gazon du sacrifice. Les Dieux, les Sâdhyas et les Richis sacrifièrent avec lui. — Par ce sacrifice universel le caillé et le beurre furent produits en abondance. Il forma les créatures aériennes et les animaux sauvages et domestiques. — De ce sacrifice universel sortirent les vers du Rig et du Sâman, les mètres et le Yadjous [187]. — De lui naquirent les chevaux et tous les animaux qui ont deux rangées de dents, les bestiaux, les chèvres et les brebis. — Quand les Dieux sacrifièrent Pouroucha, en combien de parties le divisèrent-ils ? Qu'était sa bouche ? Quels bras avait-il ? Que dit-on que sont devenus ses cuisses et ses pieds ? — Le *Brâhmane* fut sa bouche, le *Râdjania*[188] ses bras, l'être appelé *Vaiçya* ses cuisses ; le *Çoudra* sortit de ses pieds. — La Lune sortit de son âme, le Soleil de son œil, Indra et Agni de sa bouche, Vâyou de son souffle. — De son nombril sortit l'air, de sa tête le ciel, de ses pieds la terre, et de ses oreilles sortirent les quatre quartiers du monde. C'est ainsi que les Dieux façonnèrent les mondes ».

Il paraît évident que cet hymne, certainement plus ancien qu'on ne l'admet généralement, a été la source des divers récits des Brâhmanas sur l'origine des Castes, et de la légende, passée à l'état de dogme, qui fait naître le Brâhmane de la bouche de Brahmâ, le Kchatrîya de

---

[187] Yajus, le Yajur-Véda.

[188] Râjania = Kchatrîya.

ses bras ou de ses épaules, le Vaiçya de ses cuisses et le Çoudra de ses pieds, établissant ainsi une hiérarchie d'ordre divin et une barrière infranchissable entre les différentes Castes.

Le Taittirîya-Brâhmana leur donne cependant une autre origine. Dans un passage [189], il nous apprend que « la Caste des Brâhmanes est issue des Dieux et celle des Çoudras des Asouras », et ailleurs [190] encore il dit : « Cet univers tout entier a été créé par Brahma. Les hommes disent que la classe du Vaiçya a été produite par les vers du Rig. Ils disent que le Yadjour-Véda est la matrice de laquelle naquit le Kchatrîya. Le Sâma-Véda est la source d'où sont sortis les Brâhmanes. C'est ce que les anciens ont appris aux anciens ».

L'existence des Castes à l'époque où les Brâhmanas ont été composés est un fait incontestable en raison même de la mention que ces livres en font ; mais il est douteux qu'elles aient eu, dès ce temps, le caractère de séparation absolue que leur donnent les livres sacrés et surtout que la supériorité et l'autorité des brâhmanes fussent reconnues sans conteste. Il paraît probable qu'à l'arrivée des Aryas dans l'Inde, au temps des Védas, la nation envahissante ne formait qu'un seul groupe, groupe de combattants, et que ce n'est que longtemps après son installation stable sur le terrain conquis, grâce aux loisirs d'une possession paisible, que se créèrent des groupements suivant les goûts et les occupations de

---

[189] I, 2, 6, 7.

[190] III, 12, 9, 2.

chacun : les uns se livrant aux travaux des champs, les autres se consacrant aux charges du culte et à l'étude des sciences, d'autres enfin assumant la mission de défendre la communauté contre ses ennemis et d'étendre son territoire par de nouvelles conquêtes. Ces derniers, dans la situation où se trouvaient alors les Aryas, devaient évidemment avoir une puissance prépondérante, d'autant plus que c'était de leurs rangs que sortaient les rois ou chefs de villages. Plusieurs passages des Oupanichads, qui montrent des brâhmanes allant chercher auprès de Kchatrîyas la solution de questions religieuses difficiles, prouvent qu'à un moment donné ceux-ci possédaient la science dogmatique et le droit de l'enseigner. D'un autre côté le Çatapatha-Brâhmana [191] nous fournit une preuve indiscutable de la supériorité, au moins momentanée, de la Caste des Kchatrîyas : « Brahma était primitivement cet univers, unique et seul. Etant unique il ne se multipliait point. Avec énergie, il créa une forme excellente, le *Kchattra*, c'est-à-dire ceux d'entre les Dieux qui sont des puissances, Indra, Varouna, Soma, Roudra, Pardjanya, lama, Mrityu, Içana. C'est pourquoi rien n'est supérieur au Kchattra. C'est pourquoi le brâhmane siège au-dessous du kchatrîya au sacrifice Râdjasanya ; il confère cette gloire au Kchattra ». On est en droit de se demander comment les kchatrîyas ont pu abdiquer cette puissance et se soumettre servilement à l'autorité dédaigneuse de la Caste sacerdotale ? Les causes et les péripéties de cette soumission nous échappent ; mais il est certain qu'elle ne se fit pas sans luttes violentes que laissent soupçonner de nombreuses allusions des livres

---

[191] XIV, 4, 2. 23.

sacrés, et dont le souvenir survit dans l'origine exclusivement kchatrîya des Tîrthamkaras-Djains et dans la légende pourânique de Paraçou-Râma, le brâhmane exterminateur de la race des guerriers.

Le trait caractéristique de la Caste indienne, ce qui la distingue absolument des classes des autres nations, c'est qu'elle est strictement héréditaire. On naît Brâhmane, Kchatrîya, Vaiçya ou Çoudra ; mais si grands que puissent être ses mérites, aucun individu ne saurait, en cette vie du moins, accéder à une caste supérieure à la sienne. Il faut à un çoudra des milliers de renaissances pour devenir brâhmane. Par contre, on peut déchoir ; mais alors on perd toute caste et l'on tombe dans la catégorie infâme des rejetés, des Paryas. On perd sa caste par négligence des sacrements et des sacrifices, par mésalliance, par le fait d'officier dans un sacrifice pour un çoudra ou un hors-caste, ou de lui enseigner les Védas, par le meurtre d'un brâhmane, par des rela-tions avec la femme d'un Gourou, par la fréquention d'hommes indignes, etc. La déchéance de caste est la peine la plus grave qui puisse frapper un Indien : elle comporte non seulement une véritable excommunication, mais encore la mort civile [192].

Dans les livres sacrés, la personnalité du brâhmane prime tellement toutes les autres qu'à part quelques rares prescriptions spéciales, c'est presque toujours exclusivement à lui que se rapportent les règles de conduite, les droits et les devoirs religieux afférant aux Dvidjas. Tel est le cas, en particulier, pour l'idéal de la

---

[192] Voir E. SÉNART : *Les castes dans l'Inde*.

vie qui leur est tracé et qui serait absolument impraticable pour des hommes ayant d'autres occupations et d'autres obligations, que l'exercice exclusif du culte et la pratique de la dévotion : il paraît probable que seules les deux premières de ces prescriptions visent également les kchatrîyas et les vaiçyas. À partir de l'âge de huit à douze ans, époque où il reçoit l'Initiation, la vie du Dvidja, ambitieux de parvenir au salut final ou tout au moins de s'assurer une bonne transmigration, doit se diviser en quatre phases comportant les conditions de *Brahmatchâri*[193], *Grihastha*[194], *Vânaprachtha*, et *Parivrâdjaka* ou *Sannyâsi*. Le Brahmatchâri est un étudiant confié, aussitôt après l'initiation, aux soins d'un maître ou *Gourou*, brâhmane versé dans les Védas, qui lui enseigne les écritures sacrées et les pratiques du culte, et auquel il rend en échange certains devoirs domestiques. Le respect, l'obéissance à son maître, l'application et la chasteté sont les principaux devoirs imposés au Brahmatchâri. Ses études terminées, ordinairement au bout de douze ans, le jeune Dvidja se marie et devient Grihastha ou Maître de maison. Quand ses enfants sont mariés à leur tour, et qu'il a vu ses petits-enfants, on estime que la vie sociale active du brâhmane est terminée : il devra alors partager ses biens entre ses enfants et, emportant avec lui son feu sacré domestique, aller vivre en ermite, Vânaprachtha, dans la forêt, se livrant à la méditation, accomplissant religieusement les sacrifices quotidiens obligatoires, se nourrissant de grains, de racines et de

---

[193] Brahmacârin.

[194] Gṛhastha.

fruits sauvages, ou bien de ceux qu'il cultive de ses mains. Enfin, quand ses cheveux blanchis et ses forces déclinantes lui annoncent l'approche du moment fatal, qu'il abandonne tout et s'en aille errer sans famille et sans abri, mendiant sa nourriture, dormant au pied d'un arbre ou dans les cimetières, indifférent à tout hormis à la pensée de l'Âme suprême, jusqu'à ce que la mort, qu'il ne doit point hâter, le débarrasse de l'existence et lui donne l'union souhaitée avec l'Etre existant par lui-même. Il a alors accompli le devoir austère du Parivrâdjaka.

« Le Brâhmane doit vivre de l'autel, le Kchatrîya de ses armes, le Vaiçya de son commerce, et le Çoudra de sa charrue », telle est la règle de vie imposée aux quatre castes. Et de fait, les fonctions sacerdotales sont l'apanage exclusif des brâhmanes, et l'on peut estimer que la complication de plus en plus grande de la liturgie et du rituel des sacrifices, en exigeant des sacrificateurs une connaissance profonde des Védas et une science parfaite des rites, a été pour beaucoup dans la constitution de la caste sacerdotale des brâhmanes, possesseurs par voie héréditaire des anciennes traditions. Ils ne paraissent, en effet, s'être constitués en caste que lorsque les pratiques cultuelles sont devenues trop nombreuses et trop absorbantes pour rester, comme à l'époque védique, la charge de chaque Maître de maison. Dépositaires de toute science, les brâhmanes sont naturellement par celà même les dispensateurs de cette science, les instituteurs vénérés de la nation. Mais les fonctions sacerdotales et l'enseignement, encore que rétribués grassement si nous en croyons les récits des livres religieux et les prescriptions des codes, ne pouvaient pas suffire à faire vivre la multitude croissante des brâhmanes : il a fallu accepter des accommodements avec les prescriptions trop sévères de l'antiquité, autoriser les brâhmanes à remplir des emplois dans lesquels la science est nécessaire, conseillers des rois, ministres, magistrats, et Manou va même jusqu'à leur permettre, en cas de besoin extrême, toutes sortes de fonctions, même serviles (celle de cuisinier par exemple) au service du gouvernement ou même de gens riches des deux autres castes supérieures, pourvu que ce ne soit point de celles qui entraînent une souillure et la perte de la caste. Les poèmes, le Mahâbhârata entre autres, nous montrent même des brâhmanes guerriers.

CULTE ET SACREMENTS

Le culte brâhmanique coinporte deux sortes de cérémonies : les sacrifices publics et les cérémonies domestiques. Autant qu'il nous est permis de le supposer, à la pompe près, on avait conservé dans les premiers le rituel des sacrifices védiques. L'acte initial et principal est toujours l'allumage du feu sacré, soit par le procédé antique de la friction rapide de deux morceaux de bois, soit par la concentration des rayons du soleil au moyen d'un morceau de cristal, soit enfin à l'aide d'un brandon enflammé emprunté au feu sacré que tout brâhmane orthodoxe doit entretenir perpétuellement dans sa maison. Dans ce feu, activé par des libations de beurre fondu et de soma, on faisait ensuite brûler des offrandes de grains, de gâteaux et la chair des victimes, tandis que les brâhmanes officiants récitaient ou chantaient les hymnes des Védas indiqués suivant les cas par la liturgie. Cinq officiants sont requis pour la célébration de ces sacrifices : le directeur de la cérémonie qu'on nomme *Brâhman*, le Hotri qui récite ou chante les hymnes du *Rig-Véda*, l'Adhvaryu ceux du Yadjour, l'Udgâtri ceux du Sâma, et l'Atharvan qui prononce les formules magiques de l'Atharva ; toutefois la présence de ce dernier ne paraît pas être toujours obligatoire, et il nest pas indiqué dans les plus anciens rituels.

Le culte domestique comprend également deux ordres de cérémonies : les sacrifices quotidiens obligatoires et les sacrifices occasionnels ou obligatoires seulement à certaines époques déterminées. Dans tous les rites de la première catégorie c'est le père de famille, le Maître de maison, qui officie en présence de sa femme, de ses enfants et de ses serviteurs, qui tous ont part au bénéfice du sacrifice. Pour les cérémonies occasionnelles, c'est presque toujours un brâhmane qui les accomplit ; il n'est pas certain cependant que l'assistance du brâhmane soit prescrite, sauf pour les cérémonies funéraires ou *Çrâddhas*, surtout si le sacrifiant est lui-même de la caste sacerdotale, mais la présence d'un ou plusieurs de ces saints personnages, savants dans les Védas et de vie exemplaire, ajoute au mérite et à l'efficacité du sacrifice.

Tout brâhmane, et probablement tout dvidja, doit réserver une pièce de sa maison au feu sacré domestique. C'est dans cette pièce et devant ce feu que s'accomplissent chaque jour les trois *Sandhyâs* obligatoires du culte domestique.

La première, dite Sandhyâ matinale, doit se célébrer à l'aube, au moment précis du lever du soleil, et comporte des rites nombreux et compliqués. Aussitôt éveillé, le Maître de maison procède aux rites purificatoires, préliminaires obligés de tout sacrifice, bain rituel (on se baigne habillé), rincement de bouche, onction de cendres prises sur l'autel du feu, et trois suspensions de respiration. Ceci fait, il adore les instruments du sacrifice, vase à eau, conque, et sonnette dont le teintement appelle les dieux et met en fuite les démons, lave trois fois et tord pour le sécher son cordon sacré, puis s'approchant du feu sacré il le dégage des cendres sous lesquelles il est conservé, y place quelques morceaux de bois qu'il arrose de beurre fondu ou d'huile tout en récitant l'hymne au feu et la célèbre *Gâyatrî*, ou hymne au soleil : « Om ! Méditons sur la splendeur du divin soleil ! Puisse-t-il daigner éclairer nos intelligences ! », et fait dans ce feu ranimé des offrandes de quelques brins de l'herbe sacrée *Kouça*, de grains et de gâteaux. (Si l'officiant appartient aux sectes strictement orthodoxes des Agni-Hotris ou des Vaidikas qui entretiennent trois ou cinq feux sacrés, le même rite doit se pratiquer pour chacun des feux en commençant par celui qui est placé au milieu). Ce premier acte, et le plus important, accompli, le sacrificateur adore successivement, en renouvelant ses offrandes dans le feu, les Eaux, le Soleil, Brahmâ, tous les Dieux réunis, les cinq divinités protectrices du foyer domestique, et les mânes de ses ancêtres. Pour ces derniers il ajoute une libation d'eau. Ces adorations successives sont accompagnées, cela va sans dire, de la récitation des hymnes védiques que la liturgie attribue à chaque divinité, entrecoupés par des répétitions de la Gâyatrî, de l'hymne aux Eaux (« Eaux qui donnez le bonheur, accordez-nous notre pain quotidien et une grande et heureuse intelligence ; — Servez-nous vos ondes fortunées comme de tendres mères le font à leurs enfants ; — bien vite nous prenons notre refuge près de vous pour le pardon de nos péchés. Eaux divines, rendez-nous féconds en postérité !) et des sept sons mystiques : *Om ! Bhouh ! Om ! Bhouvah ! Om ! Svah ! Om ! Mahah ! Om ! Djanah ! Om ! Tapas ! Om ! Satyam !*

Moins compliquée que celle du matin, la Sandhyâ du milieu du jour n'exige le bain ou les ablutions et autres rites purificatoires que si le sacrifiant a conscience d'avoir contracté quelque souillure. Elle consiste à réiter la Gâvatrî, l'hymne aux Eaux, un hymne à la Terre et un autre au Soleil, à faire une libation d'eau au Soleil et une offrande de riz cuit à tous les Dieux réunis.

La Sandhyâ du soir, également simplifiée, comporte la récitation de la Gâyatrî, d'un hymne au Soleil, aux Eaux, au feu et à Brahmâ, une offrande aux manes des ancêtres des aliments préparés pour le repas de la famille, et, avec les restes de ce repas, une offrande aux esprits errants, aux revenants, aux animaux sauvages, que la maîtresse de maison dépose au dehors près de la porte. On garnit alors le feu sacré d'un peu de bois, ou le couvre de cendres et de fumier de vache et on récite l'hymne à Varouna ; « Si peut-être, étant mortels, nous avons négligé quelque chose dans l'observation des rites de chaque jour, ô Varouna, ne nous livre point au fer vengeur du furieux ni à la furie de celui qui est en colère [195] ».

Comme on le voit, ces services quotidiens ne laissent pas que d'être compliqués et absorbants : on estime que leur exécution consciencieuse ne prenait pas moins de cinq à six heures de la journée du fidèle. Si on y ajoute encore les rites de purification des souillures inévitables pour les causes souvent les plus insignifiantes on peut admettre que des devoirs religieux si absorbants ne pouvaient être observés que par des hommes entièrement voués au culte, et on comprend que de bonne heure kchatrîyas et vaiçyas c'est-à-dire tous ceux qui devaient demander à une occupation lucrative leur subsistance et celle de leur famille, aient secoué leur joug, les aient réduits à leur plus simple expression ou les aient même complètement délaissés.

Les cérémonies privées occasionnelles avaient pour objet, soit des demandes de grâces toujours matérielles, fortune, réussite d'une entreprise, obtention d'honneurs, naissance d'un fils, santé, longue vie ; celles obligatoires à époque fixe étaient les *Çrâddhas* ou sacrifices funèbres à l'intention des ancêtres et parents défunts, qui devaient se célébrer au jour anniversaire de leur mort. Les premières consistent, comme les sacrifices publics, en l'allumage solennel du feu sacré, l'holocauste des offrandes, grains, gâteaux et victimes, et la récitation des hymnes et des formules spécialement consacrés au Dieu invoqué. Les Çrâddhas, tant ceux d'anniversaires que ceux célébrés dix jours après le

---

[195] A. BOURQUIN : *Brahmakarma.*

décès, sont plus compliqués. Trois brâhmanes au moins doivent y assister. Outre le sacrifice proprement dit dans sa forme habituelle avec accompagnement obligé d'offrandes et d'hymnes du Rig et du Sâma-Véda [196] aux Dieux le plus spécialement en relation avec les morts, Agni, Yama, Mrityu, Varouna, et aux Pitris, ancêtres de la race ârienne, elles comportent une offrande au défunt d'aliments cuits, de fruits et de gâteaux, en forme de boules, faits de fleur de farine, de beurre et de miel ou de sucre, appelés *Pindas*. Ces gâteaux ne peuvent être offerts que par les proches parents du mort jusqu'au sixième degré seulement, d'où le nom de *Sapinda*, donné à cette parenté. De plus, la cérémonie doit se compléter par un repas, aussi somptueux que possible, à autant de brâhmanes que la fortune du sacrifiant lui permet d'en inviter. À la fin du repas, il devra également faire à chaque brâhmane un don aussi généreux qu'il le pourra, vaches, vêtements précieux, bijoux, espèces monnayées, ou tout au moins un pot d'eau, seulement le pot doit être de métal précieux, or, argent ou cuivre artistement travaillé. On peut juger de l'importance attachée aux Çrâddhas par le soin que met Manou à en décrire les rites et à énumérer minutieusement les qualités requises des brâhmanes, des parents et des amis qui doivent y être invités [197]. En somme le Çrâddha a pour but d'assurer le bien-être du mort dans l'autre monde et comme conséquence la prospérité de sa famille ici-bas.

---

[196] Le Sâma-Véda est le livre funéraire par excellence.

[197] G. Stréhly : *Lois de Manou*, III, 13-86.

Mais les obligations religieuses de l'Indien ne se bornent pas à l'accomplissement de ces sacrifices publics et privés. La religion l'enserre à tout instant de son existence, dès et même avant sa naissance, dans un réseau de *sacrements*, auxquels il ne peut se soustraire sous peine d'encourir la déchéance de caste. Ces sacrements ou rites purificatoires sont nommés *Samskâras* : il y en a douze principaux.

C'est d'abord le rite *Garbhadhana*. Il se pratique au moment de la consommation du mariage, c'est-àdire quatre jours après la cérémonie nuptiale et a pour but de procurer une heureuse conception.

Trois mois après ce premier rite, on accomplit celui de *Poumsavana* afin d'obtenir un enfant mâle et de prévenir les avortements. Il consiste à faire avaler à la jeune femme deux fèves et un grain d'orge dans du lait caillé, et à lui injecter dans la narine droite le suc d'une tige de Dourbâ.

La séparation des cheveux, ou *Sîmantonnayana* a pour but de purifier la mère et d'assurer la santé de l'enfant qu'elle porte dans son sein. Cette cérémonie, qui doit être accompagnée de musique et commence par la récitation de trois hymnes de l'Atharva et de l'hymne V, 25, du *Rig-Véda*, consiste à tracer trois raies dans les cheveux de la femme avec trois brins de Kouça liés ensemble, en prononçant les interjections mystiques : Om ! Bhouh ! Bhouvah ! Svah !

Immédiatement après la naissance de l'enfant, on pratique la cérémonie *Djâta-Karman* en vue de lui assurer une existence heureuse. Le père mêle du beurre et du miel, le remue avec une cuiller ou une baguette d'or, emblême de bonne fortune, et introduit quelques gouttes du mélange dans la bouche de l'enfant en récitant la prière suivante : « O être doué d'une longue vie, puisses-tu vivre cent années en ce monde, protégé par les Dieux ! » Il touche alors les oreilles de l'enfant avec la baguette d'or en disant : « Que Savitri, Sarasvati et les Açvins te donnent la sagesse ! » Ensuite, il lui frotte les épaules et dit : « Deviens solide comme un rocher, tranchant comme une hache, pur comme l'or ; tu es le Véda sous le nom de fils. Vis cent années. Puisse Indra t'accorder les trésors les plus précieux ! »

La cérémonie *Nâma-Karana*, ou de dation de nom, se célèbre dix jours après la naissance, avec l'accompagnement obligé d'offrandes au feu et de récitation de textes védiques.

La première sortie, *Nichkramana*, a lieu quatre mois après la naissance. L'enfant est porté hors de la maison au lever du soleil et on le tourne du côté de l'astre en récitant ce texte du *Rig-Véda* : « Ce luminaire, semblable à un œil, que les Dieux ont placé dans le ciel, se lève à l'orient ; puissions-nous le contempler pendant cent années ! » et cet autre du Yadjour : « Puissions-nous cent ans et plus voir, parler, être à l'abri de la pauvreté ! »

Le rite *Anna-Prâçana* est celui de la première nourriture solide donnée à l'enfant. Six mois après sa naissance, celui-ci est porté par son père au milieu de la famille et des amis assemblés, et sa mère lui met un peu de riz dans la bouche, tandis que le prêtre de la famille récite un texte du Yadjour-Véda.

La cérémonie appelée *Tchaula*, ou taille de cheveux, se pratique a l'âge de trois ans dans un but de purification, et celle dite *Kêçânta*, tonsure, un an après. Après avoir lavé la tête de l'enfant avec un mélange d'eau chaude, de beurre et de caillé, le père lui rase les cheveux en ménageant sur le sommet du crâne une, trois ou cinq touffes, selon l'usage spécial de sa tribu.

L'*Oupanayana*, Initiation, se pratique de huit à seize ans, selon les castes. C'est le sacrement le plus important de la religion brâhmanique puisqu'il consacre l'entrée de l'enfant dans la communauté et dans sa caste, lui confère le droit d'étudier les Védas et autres écritures sacrées, et lui donne le titre de *Dvidja* « deux fois né », apanage des hommes des trois castes supérieures. Cette cérémonie comporte l'investiture du cordon et de la ceinture sacrés, et la révélation de la prière sainte appelée *Sâvitri* ou *Gâyatrî*. Le cordon sacré, *Yadjnopavîta*, se porte en sautoir de gauche à droite. Il se compose de trois fils de 300 coudées (120 mètres) de longueur, pliés quatre fois en trois et tordus de manière à former un cordon de 81 fils et de trois coudées de longueur. Il se fait en coton pour les brâhmanes, de chanvre pour les kchatrîyas, et de laine pour les vaiçyas. La ceinture sacrée, *Maundjï*, est le symbole de la chasteté que doit observer le jeune homme pendant sa vie d'étudiant, *Brahmatchâri*, et jusqu'à son mariage. Elle se compose de trois cordes tressées ensemble et nouées par un ou trois nœuds, suivant les usages familiaux. La ceinture d'un brâhmane est faite d'herbe *rnoundja*, celle du kchatrîya de *mourvâ*, et celle du vaiçya est en chanvre. Elle se porte jusqu'à ce qu'elle soit usée et ne se remplace pas.

L'investiture du cordon sacré est un acte trop important dans la carrière de l'Indien pour que nous ne disions pas un mot de la manière dont se passe la cérémonie.

Après que le père de famille a fait choix pour son fils d'un *Gourou*, c'est-à-dire d'un brâhmane savant et estimé qui doit lui servir de précepteur et de directeur de conscience, le jour favorable étant venu, on fait prendre à l'enfant le bain rituel et on l'amène devant le Gourou. Celui-ci, après s'être rincé la bouche et avoir accompli le rite de la Restriction de respiration, proclame la résolution de procéder à l'Initiation de son pupille, et prononce la Gâyatrî [198]. Il lave alors le cordon et le tord en récitant l'hymne : « Eaux qui donnez le bonheur, etc. [199] » ; puis il récite une invocation à Pradjâpati. En détordant le cordon, il dit : « J'attribue la syllabe sacrée Om au premier fil, Agni au second, les serpents divins au troisième, Soma au quatrième, les Mânes de mes ancêtres au cinquième, Pradjâpati au sixième, Vâyou au septième, Sourya au huitième, tous les Dieux au neuvième », et récite dix fois la Gâyatrî. Il retord le cordon en récitant l'hymne : « Le divin Soleil, qui voit tous les êtres, s'élève éclatant aux yeux de l'univers, traîné par ses brillants coursiers. — Avec les ombres de la nuit, les étoiles, semblables aux voleurs, s'enfuient devant le Soleil, cet œil de l'univers. — Tels que des feux étincelants ses rayons lumineux éclairent les êtres ». Il passe alors le bras droit et la tête de l'adepte dans le

---

[198] Voir page 125.

[199] Voir page 126.

cordon, de manière que celui-ci repose sur l'épaule gauche et dit : « Om ! Mets le cordon sacré et glorieux qui a été conçu en même temps que Pradjâpati et même avant lui, qui procure la vie, l'excellent, le brillant ! Que ce cordon sacré t'apporte force et honneur ! » Enfin la cérémonie se termine par des récitations de la Gâyatrî.

Le rite de *Samâvartana*, ou du retour à la maison paternelle, s'accomplit lorsque le jeune dvidja, ses études religieuses terminées, prend congé de son précepteur. Il se compose d'un bain rituel, de prières, d'ablutions et de dons au Gourou proportionnés à la richesse de la famille du jeune homme.

Le rite du mariage, *Vivâha*, a pour l'Indien une importance presque égale à celui de l'Initiation, car c'est celui qui fait de lui un maître de maison, *Grihastha*, lui confère le pouvoir d'officier dans tous les rites domestiques obligatoires et, s'il est brâhmane, dans les sacrifices publics. La cérémonie du mariage se fait avec grande pompe et au milieu d'une nombreuse assistance de parents, d'amis et de voisins. Le jeune homme commence par allumer le feu sacré devant ou dans sa maison en accomplissant tous les rites consacrés. Il fait alors une oblation au feu, puis prend les mains de sa fiancée et lui fait faire sept fois le tour du feu sacré, en disant : « Je suis homme, tu es femme. Viens, marions-nous. Ayons des enfants. Unis en affection, illustres, bien disposés l'un pour l'autre, puissions-nous vivre ensemble cent années ! » À la fin du septième tour, le mariage est consacré. Le jeune Maître de maison fait alors une oblation de beurre dans le feu sacré et récite l'hymne 85 du dixième mandala du *Rig-Véda*.

Transmigration

Un autre fait caractéristique du Brâhmanisme philosophique et non moins important que la conception du Dieu suprême de l'Ame universelle et que l'institution des castes, est l'invention du dogme de la *Transmigration* ou *Métempsycose*, c'est-à-dire du passage de l'âme individuelle dans une succession presque éternelle d'existences bonnes ou mauvaises jusqu'à ce qu'elle se soit suffisamment épurée pour mériter de se réunir, pour l'éternité cette lois, avec l'Ame universelle dont elle est une émanation ou une particule selon les écoles déistes, pour rentrer dans la sphère lumineuse d'où son intempestive curiosité l'a fait sortir d'après la théorie du Sânkhya. Dogme qui sert merveilleusement aux Indiens, d'un côté, pour affirmer et expliquer l'immortalité de l'âme, de l'autre, pour rendre compte de l'inégalité des conditions humaines, et qui est devenu la base universellement admise de toutes leurs religions, même de celles, comme le Djainisme et le Bouddhisme, qui se sont posées en adversaires du Brâhmanisme. Naturellement, suivant leur usage constant. les brâhmanes prétendent faire remonter l'origine de cette conception aux Védas, source de tous leurs dogmes et de toutes leurs connaissances, et citent à cet effet plusieurs passages obscurs du *Rig-Véda*, dont le plus applicable est le vers de l'hymne I, 110, 4 où il est dit « étant morts, ils ont obtenu la non mortalité », c'est-à-dire la vie [200]. En réalité, il faut arriver aux Oupanichads pour trouver des textes où la Transmigration semble se

---

[200] P. REGNAUD : *Les premières formes de la religion*, p. 268.

révéler en germe, et encore n'est-ce que dans les écoles philosophiques qu'elle a reçu son plein développement.

La Brihad-Aranyaka-Oupanichad [201] dit en effet : « Ceux qui conquièrent les mondes au moyen du sacrifice, de la libéralité et de la pénitence, passent dans la fumée, de la fumée dans la nuit, de la nuit dans la quinzaine lunaire décroissante, de la quinzaine lunaire décroissante dans les six mois pendant lesquels le soleil se dirige vers le Sud, de ces six mois dans le monde des Pitris, du monde des Pères ils passent dans la lune. Là, les Dieux, de même qu'ils mangent le roi Soma en disant « crois, décrois », les mangent. Lorsque cette nourriture qui est la leur (celle des Dieux) passe au delà, ils (ceux qui transmigrent) s'unissent à l'éther, de l'éther ils vont dans l'air, de l'air dans la pluie, de la pluie dans la terre. Ayant atteint la terre, ils deviennent la nourriture. Ils sont de nouveau versés dans le feu de l'homme, puis ils naissent dans le feu de la femme. Se redressant, ils suivent ainsi le mouvement des mondes [202] ».

On invoque un autre passage du même livre [203] à l'appui de la théorie de la délivrance par la cessation définitive de la Transmigration : « Ceux qui connaissent cela et ceux qui, dans la forêt [204], se sont approchés de la

---

[201] IV, 2. 16.

[202] P. REGNAUD : 1. c., p. 69.

[203] Brhad-Aran, Up. VI, 2, 15.

[204] Où ils vivaient en ermites.

çraddhâ [205] et du *satya* [206], ceux-là s'unissent à la flamme, de la flamme ils passent dans le jour, du jour dans la quinzaine lunaire claire, de la quinzaine lunaire claire dans les six mois pendant lesquels le soleil se dirige vers le Nord, de ces six mois ils passent dans le monde des Dieux, du monde des Dieux dans le soleil, du soleil dans l'éclair. L'homme fait de *manas* étant survenu, fait passer les éclairs dans le monde de Brahma Tout en haut, en avant, ils prennent résidence dans ces mondes de Brahma. Pour eux, il n'y a plus de retour [207] ».

On voit que, si l'on peut considérer les passages cités comme renfermant en germe la théorie de la Transmigration, on est loin avec ces textes obscurs et bizarres du système, méthodiquement coordonné par la philosophie postérieure, qui fait évoluer l'âme de la plante ou de l'animal au démon, au génie, à l'homme, au Dieu, et fait dépendre chaque degré de la Transmigration des actes d'existences antérieures, système qui serait nettement évolutioniste s'il n'admettait des déchéances et des chutes pouvant avoir pour effet de faire rétrograder une âme qui a presque atteint la délivrance et de l'obliger à recommencer tout ou partie de son pénible calvaire.

Tout en reconnaissant et même en codifiant les conséquences des actes comme éléments des

---

[205] Foi.

[206] Réalité.

[207] P. REGNAUD : I. c., p. 279.

transmigrations, Manou [208] fait dépendre l'attribution des diverses conditions bonnes ou mauvaises de la prédominance chez l'individu de l'une des trois Gounas. « Je vais, dit-il, brièvement exposer par ordre les Transmigrations à travers tout cet (univers), auxquelles (l'âme) est soumise, suivant (qu'elle possède) chacune de ces trois qualités. — Ceux qui ont la qualité de Bonté (*sattva*) parviennent à la condition divine, ceux qui ont la qualité de Passion (*rajas*), à la condition humaine, ceux qui ont la qualité d'Obscurité (*tamas*), descendent toujours à la condition animale ; telles sont les trois (sortes) de Transmigrations. — Mais sachez que ces trois sortes de Transmigrations dues aux (trois) qualités (se subdivisent à leur tour) en trois (degrés), inférieur, moyen et supérieur, suivant les différences des actes et du savoir (de chacun). — Etres inanimés, vers et insectes, poissons, serpents, ainsi que tortues, bétail et animaux sauvages (composent) la condition inférieure que produit l'Obscurité. — Éléphants, chevaux, çoudras et barbares méprisés, lions, tigres, sangliers, (composent) la condition moyenne que produit l'Obscurité. — Baladins, oiseaux, hypocrites, démons et vampires (composent) la condition supérieure parmi celles que produit l'Obscurité. — Bâtonnistes, lutteurs, comédiens, gens qui subsistent d'un métier vil, joueurs et buveurs (composent) la condition inférieure produite par la Passion. — Rois, guerriers, prêtres, domestiques des rois, et les hommes qui excellent dans la controverse (composent) la condition moyenne produite par la Passion. — Musiciens célestes, Gouhyakas, Yakchas, Génies au service des Dieux, ainsi

---

[208] G. STRÉHLY : *Lois de Manou*, XII, 39-51.

que les Nymphes célestes (composent) la condition supérieure produite par la Passion. — Ermites, ascètes, brâhmanes, les troupes des divinités aux chars aériens, les astérismes lunaires et les Daityas (composent) la condition inférieure produite par la Bonté. — Sacrificateurs, sages, Dieux, védas, constellations, années, Mânes et Sâdhyas (composent) la condition moyenne produite par la Bonté. — Brahmâ, les créateurs de l'univers, la Loi, le *Grand* et l'*Invisible* (composent), au dire des sages, la condition suprême produite par la Bonté. — Ainsi a été expliqué en entier tout ce (système de) Transmigrations (produit) par les trois sortes d'actes, (composé) de trois classes, (dont chacune a) trois divisions et qui embrasse toutes les créatures ».

Si les actes et leurs conséquences produisent et déterminent les conditions ou degrés de la Transmigration, il est curieux de constater le peu d'importance accordée aux œuvres à côté de l'efficacité attribuée aux sacrifices, aux pénitences et à la méditation pour parvenir au salut ou à la délivrance finale. Les légendes des sages éminents, dont sont remplies les écritures sacrées de l'Inde, nous montrent ces saints personnages pratiquant, en vue d'atteindre au Mokcha, des sacrifices d'une durée prodigieuse (ceux de Viçvamitra et de Vasichtha continuent sans interruption pendant mille ans) ; la rigueur de leur pénitence effraye même les Dieux ; ils méditent pendant des centaines d'années sur l'Être suprême ; mais on ne nous cite pas une seule bonne action accomplie par eux. Cela tient évidemment à cette donnée védique, développée par les Brâhmanas, que c'est par les sacrifices et les austérités que les Dieux ont acquis l'immortalité. C'est là une lacune du brâhmanisme, lacune qui persistera dans l'hindouisme et qu'il appartiendra au bouddhisme de combler en partie par sa doctrine de la *Maîtri*, charité et amour des êtres.

INSTITUTIONS SOCIALES

Pour terminer ce tableau succint du Brâhmanisme philosophique, il nous reste à dire un mot des institutions sociales qui existaient ou qui sont nées à cette époque, sous son impulsion ou son égide ; tâche bien courte, du reste, car la religion envahissante a pris soin de transformer en devoirs religieux presque toutes les obligations sociales de quelque importance.

La caste est le pivot, la pierre angulaire de tout l'éditice ; elle gouverne tout, tout se rapporte à elle. Fort de son origine divine, de l'autorité sans limite que lui confère sa qualité de représentant des Dieux sur la terre, le brâhmane se dit et est reconnu le premier des hommes, presque un Dieu incarné, et par une fiction qu'il s'efforce de faire croire réalité il est le souverain seigneur et maître de tout ce qui existe dans l'univers ; si les autres castes jouissent de biens hériditaires ou des fruits de leurs peines, c'est à la générosité du brâhmane qu'ils le doivent et par un juste retour ils ont l'obligation de l'entretenir par leurs dons, leurs aumônes et une large rétribution de ses services. En réalité, kchatrîyas, vaiçyas, çoudras, sans excepter les impurs Tchandalas, n'ont d'autre raison d'exister que de nourrir les Brâhmanes. Celui-ci, en échange, n'a envers eux que des devoirs religieux comme intermédiaire entre eux et les

Dieux, comme instituteur et conseiller, et ne leur accorde guère qu'une bienveillance générale, tant soit peu dédaigneuse.

L'organisation sociale de l'Inde, à cette époque, se rapproche encore beauboup de l'état patriarcal. Il n'y avait sans doute point de gouvernement central, mais de nombreuses tribus, groupées par villages, dont les rois ou chefs exerçaient dans leur sphère un pouvoir soi-disant absolu, réunissant entre leurs mains les attributions militaires, administratives et judiciaires, dirigés et gouvernés eux-mêmes par les brâhmanes, leurs conseillers et leurs ministres, et s'ils avaient parfois quelque velléité d'indépendance, faisaient mine de vouloir secouer un joug trouvé trop pesant, de nombreuses légendes le rappelaient à la prudence en leur montrant où pouvaient tomber les monarques insoumis aux brâhmanes.

Dans sa sphère, le Maître de maison, le père de famille, parait avoir joui d'une autorité absolue. Sa femme, ses enfants, ses serviteurs lui doivent respect et obéissance passive. Il est un Dieu pour eux. À son tour, il leur doit amour, affection, protection et justice. Il doit veiller attentivement sur sa femme et lui faire une vie heureuse ; il doit pratiquer pour ses enfants les sacrements prescrits, donner à son fils un précepteur vertueux et savant, marier sa fille en temps voulu, c'est-à-dire dans les trois années qui suivent sa puberté.

Les enfants doivent à leurs parents, amour, respect et obéissance, même quand ils ont fondé une nouvelle famille, et si le père meurt, l'aîné prenant la charge de chef de famille, devra subvenir aux besoins de sa mère, protéger ses frères, marier ses sœurs selon leur rang.

La condition de la femme est particulièrement intéressante à cette époque. Tenue en suspicion par la religion qui voit en elle le pire obstacle au salut et redoute l'effet de ses séductions, et par le législateur qui lui reproche sa légèreté, son inconstance, son amour de la parure et du plaisir, elle est toute sa vie en tutelle. « Une petite fille, une jeune femme, une femme mûre, dit Manou [209], ne doivent jamais rien faire de leur propre autorité, même dans leur maison. — Dans l'enfance la femme doit être dépendante de son père, dans la jeunesse de son époux, et si son mari est mort, de ses fils ; elle ne doit jamais jouir de l'indépendance ». Par contre, père, mari et fils ont le devoir de protéger la femme, de la garder, de satisfaire ses goûts et ses désirs : « Là où les femmes sont honorées, les Dieux sont contents, là où elles ne le sont pas, tous les sacrifices sont stériles [210] ». Elle ne peut pas disposer de sa personne, c'est à son père de la marier ; mais s'il laisse passer le délai de trois ans après la puberté, la jeune fille a le droit de se choisir un époux à son gré : il semble aussi qu'elle peut refuser un prétendant qui lui déplaît. Mariée, elle doit à son mari amour, obéissance, fidélité et respect : « Même indigne, débauché dépourvu de qualités, un époux doit toujours être révéré comme un Dieu par une femme vertueuse [211] ». Veuve, il lui est

---

[209] G. STRÉHLY : *Lois de Manou*, V, 147-151,

[210] *Ibid.*, III, 56.

[211] *Ibid.*, V, 154.

interdit de se remarier, même si le mariage n'a pas été consommé, et si elle n'a pas d'enfants elle doit vivre chastement dans la famille de son mari ou dans la sienne. Des peines sévères, allant jusqu'à celle de mort, punissent les violences commises contre une jeune fille ou une femme mariée. La femme n'a droit à aucune instruction religieuse, la lecture des Védas lui est interdite ; le mariage lui tient lieu d'initiation, et l'accomplis-sement de ses devoirs envers son époux remplace pour elle les sacrifices. On ne trouve à cette époque aucune trace de l'immolation des veuves sur le bûcher funèbre de leur mari.

Le mariage, fondement de la famille et de la société est un acte à la fois social et religieux [212]. Il se contracte généralement de bonne heure : entre douze et quinze ans pour la femme, dix-huit à vingt-cinq ans pour l'homme. Manou et les autres législateurs mentionnent huit modes de mariage légaux, dont le rapt et la possession violente par surprise ; mais le mariage conclu par le père de la jeune fille, et celui par consentement mutuel des contractants sont les seuls considérés comme vraiment honorables. La question de savoir s'il est légal de donner et de recevoir une dot, et de faire en vue d'un mariage des cadeaux aux parents de la jeune fille est controversée et, sur ces points, Manou lui-même se contredit à plusieurs reprises ; mais un fait certain, c'est que les cadeaux de toute nature faits à une jeune fille au moment de son mariage par ses parents, son fiancé et les amis de sa famille sont et restent sa propriété personnelle. En principe, le mariage paraît

---

[212] Voir page 134.

pouvoir être dissous par répudiation ou divorce pour inconduite de la femme, stérilité, manque d'enfants mâles et mauvais caractère ; dans ce cas la femme reprend sa dot et son bien personnel. Strictement, l'indien ne peut avoir qu'une seule femme légitime de même caste que lui ; mais en fait la polygamie a existé de tout temps à l'état légal ; seulement il semble que pour contracter un nouveau mariage il faille le consentement de la première femme, la seule vraiment légitime, qui reste la véritable maîtresse de maison, est seule qualifiée pour assister son mari dans les cérémonies et sacrifices domestiques, et dont les enfants ont le pas sur ceux des autres femmes.

L'usage de la polygamie parait avoir eu pour excuse, dans le principe, le désir ou même la nécessité d'avoir des fils qui célèbrent pour leur père et ses ancêtres les *çrâddhas* ou sacrifices funéraires indispensables au repos des défunts dans l'autre monde. À cette même nécessité répond l'adoption d'un fils, généralement de la même famille, et quelques autres usages qui peuvent à bon droit nous paraître étranges. Le père de famille qui n'a pas d'enfants mâles peut marier sa fille sous la condition que son premier enfant mâle deviendra son fils à lui. Dans ce cas la fille est dite *substituée* et son fils hérite de tous les biens de son grand-père. Si un homme meurt sans enfants mâles, son frère, ou à défaut son plus proche parent, est tenu d'engendrer avec la veuve un fils, qui deviendra le fils du mort et jouira de tous les droits d'un enfant légitime.

L'héritage paternel se partage entre tous les fils, l'aîné ayant droit à deux parts : les filles, non mariées n'y ont aucun droit mais leurs frères sont tenus de pourvoir à tous leurs besoins. Par contre les filles, même mariées, héritent, à l'exclusion de leurs frères, des biens propres de leur mère. Le fils adopté hérite des biens paternels comme un fils légitime [213].

La loi frappe de peines très sévères les quatre crimes de meurtre, de vol, d'adultère et de mensonge ou, dans l'espèce de faux témoignage. Le meurtre d'un supérieur est puni de mort, sauf quand le meurtrier est un brâhmane, auquel cas la peine prononcée est l'exil, un brâhmane ne pouvant être mis à mort ; le meurtre d'un égal ou d'un inférieur se rachète par une forte amende. Le vol à main armée est puni de mort ; le vol simple de mutilation et d'amende, ou d'amende seulement. L'adultère avec une femme mariée de caste supérieure est puni de mort ; avec une femme de même caste, de l'exposition et d'une amende ; avec une femme de caste inférieure, d'amende seulement ; mais la peine de mort peut toujours être prononcée contre la femme. Le faux témoin est passible d'une amende proportionnée à la gravité du cas. S'il s'agit d'un débiteur ou d'un dépositaire qui nie une dette ou un dépôt, l'amende est du double de la somme ou de la valeur de l'objet en litige.

---

[213] G. STRÉHLY : *Lois de Manou*, IX.

III. BRÂHMANISME SECTAIRE OU HINDOUISME

Les prescriptions aussi astreignantes que multiples du Brâhmanisme proprement dit ont-elles jamais été appliquées et surtout observées dans toute leur rigueur, ainsi qu'on pourrait le croire à la lecture de ses écritures sacrées ? Il est permis d'en douter et de supposer que nous sommes ici en présence des *postulata* de la caste sacerdotale qui ne furent suivis en aucun temps que par un nombre restreint d'individus exclusivement voués à la vie religieuse : leur stricte observation n'eût laissé aucune place aux exigences impérieuses de la vie sociale. De même aussi, quelque respect presque divin qu'on leur ait toujours témoigné, et si grande qu'ait été leur influence politique, les Brâhmanes, ces *Dieux terrestres*, ne paraissent pas avoir jamais exercé effectivement cette puissance souveraine qu'ils réclamaient comme représentants de la divinité, et leur supériorité a toujours été d'ordre moral : indépendamment du droit de naissance, ils ont surtout dominé par la science, dont ils étaient à peu près les seuls détenteurs, et plus encore par la terreur qu'inspirait la puissance surnaturelle qu'ils s'attribuaient et que l'ignorance superstitieuse leur accordait. Néanmoins, les institutions religieuses et sociales que nous venons d'esquisser ne se trouvèrent plus en rapport, à un moment donné, avec les nouvelles conditions matérielles et morales résultant de l'évolution incessante de la civilisation les classes inférieures qu'elles tenaient jalousement à l'écart voulurent, sans doute, avoir leur part et leur place dans la société et la religion, et peu à peu, par un lent processus dont nous constatons le résultat sans pouvoir nettement distinguer ses étapes, l'ancien Brâhmanisme fermé et intransigeant se démocratisa, sans renier cependant ses origines et ses dogmes antiques qui demeurèrent, nominalement du moins, la base de la nouvelle forme religieuse qu'on appelle *Brâhmanisme sectaire* et plus habituellement *Hindouisme*.

C'est entre le cinquième et le premier siècle avant notre ère que paraît s'être élaborée cette transformation, caractérisée par le développement du *Panthéisme*, la déchéance de Brahmâ, l'apparition des deux sectes rivales des Vichnouites et des Çivaïtes, elles-mêmes subdivisées en de nombreuses sous-sectes, par la multiplication à l'infini des castes, et enfin par la prédominance du mysticisme. En tout cas, elle était nettement effectuée à partir des premiers siècles de l'ère chrétienne. Plusieurs causes peuvent être attribuées à ce mouvement : influence des doctrines philosophiques et particulièrement du Védânta, résistance aux prétentions tyranniques des Brâhmanes, introduction dans l'Inde des idées grecques consécutive à l'invasion d'Alexandre le Grand et à la fondation du royaume indo-grec de Bactriane, nécessité d'opposer une barrière au Bouddhisme victorieusement envahissant, accession de groupes indigènes anâryens dans la société indienne : cette dernière paraît être la plus considérable de toutes et avoir contribué particulièrement à l'éclosion du Çivaïsme. Cette phase du Brâhmanisme est, pour nous, de beaucoup la plus intéressante, car si nous ne pouvons en étudier pas à pas l'évolution insensible, nous en voyons le complet développement dans l'Inde de nos jours, et nous y assistons à ce curieux et unique phénomène que, sous les dehors d'une croyance soi-disant très exigeante, très exclusive et fermée rigoureusement à tous profanes, — c'est-à-dire aux gens de basses castes et aux anâryens exclus du privilège de l'initiation, — l'Hindouisme, avec ses innombrables sectes dont les doctrines oscillent de la foi et de la dévotion aveugles (*bhakti*) aux pratiques cultuelles les plus immorales et jusqu'à l'athéisme, se présente moins comme une religion nationale que comme une sorte d'institution sociale groupant, sous un nom commun, les éléments les plus hétérogènes et les plus antagonistes, à la seule condition de paraître pratiquer certaines formes extérieures du culte traditionnel, de témoigner aux brâhmanes un respect apparent qui va souvent jusqu'à l'adoration et, avant tout, de se conformer aux exigences étroites de la loi des castes, fondement intangible de l'édifice social et religieux.

Littérature

Indépendamment des Védas, Brâhmanas, Oupanichads, Çâstras, Soutras, Védângas (une partie de ces derniers, entre autres le Djyoticha ou Astronomie, a été composée seulement à l'époque hindouiste) demeurés les autorités fondamentales de la religion et du culte, l'Hindouisme possède une littérature très riche qui va se développant chaque jour par les travaux dogmatiques, théologiques et philosophiques des Pandits modernes. Les limites restreintes de cette étude ne nous permettent pas d'aborder l'examen de cette littérature récente malgré l'intérêt que présenteraient certains de ses ouvrages, et nous devons nous borner à un rapide aperçu de ceux seulement de ces livres qui servent de base à la religion actuelle et que les Hindous considèrent comme faisant partie de la *Smriti*, c'est-à-dire comme divinement inspirés, les Itihasas, les Pourânas et les Tantras.

Sous le titre d'*Itihasas* on comprend les deux célèbres poèmes épiques du *Râmâyana* et du *Mâhâbhârata*, dans lesquels paraissent pour la première fois, dans des rôles prééminents, Vichnou et Çiva, les deux Dieux suprêmes de l'hindouisme. Le *Râmâyana*, attribué à un auteur nommé Valmiki, se compose dans sa forme actuelle de 24.000 *çlokas* ou versets. L'unité parfaite de sa composition, l'harmonie de toutes ses parties permettent de le considérer comme l'œuvre d'un seul auteur et de supposer qu'il nous est parvenu sans trop d'interpolations ou de retouches ; sa date probable peut être reportée au second siècle avant notre ère [214]. Ce poème célèbre les exploits de Râma-Tchandra, prince d'Ayodhyâ, septième Avatar ou incarnation de Vichnou, personnification idéale de la justice et de la droiture, représenté cependant sous un aspect humain ; car il ignore lui-même jusqu'à la fin, son origine divine qui lui est révélée par Brahmâ au moment où il est près de céder au découragement. Comme dans tous les livres indiens de ce genre, c'est-à-dire destinés à l'édification du lecteur, les aventures de Râma sont toutes l'occasion d'un enseignement de haute morale ou de dévotion, et la mythologie y est représentée, soit par l'intervention

---

[214] SIR MONIER WILLIAMS : *Indian Wisdom*, p. 317.

directe des Dieux dans l'action du drame, soit par les récits faits par de sages ascètes de légendes empruntées aux Védas et aux Brâhmanas. Quelques auteurs croient pouvoir attribuer à ce poème une valeur historique et y voir un souvenir de la conquête de l'Inde du Sud par les Aryens ; toutefois cette supposition n'est pas admise généralement.

Beaucoup plus considérable — il renferme 107.389 çlokas — le *Mahâbhârata* est aussi plus ancien, car il était déjà connu et célèbre, dit-on, à l'époque où l'historien grec Mégasthènes fut envoyé comme ambassadeur à la cour de Tchandragoupta (312 av. J. C.). On en attribue la composition à Vyâsa, le mythique compilateur et arrangeur des Védas, ce qui revient à constater que son auteur est inconnu. Il paraît, du reste, avoir été l'œuvre de plusieurs aèdes et porte la trace indiscutable de nombreux remaniements et d'interpolations relativement récentes, notamment en ce qui concerne le magnifique épisode de la Bhâgavad Gîtâ. Ce poème, que l'on compare souvent, et non sans raison, à l'Iliade, relate les aventures des cinq *Pândavas*, fils putatifs du roi Pândou (en réalité nés des œuvres des dieux Yama, Vâyou, Indra et des deux Açvins), leurs luttes contre leurs artificieux cousins, les cent fils de Dhritarachtra, leur victoire finale et enfin l'ascension au Svarga (paradis d'Indra) des cinq Pândavas et de leur épouse commune, Draupâdî. Les dieux, les richis, les ascètes et les démons interviennent dans l'action du Mahâbhârata comme dans celle du Râmâyana, surtout Indra, Çiva et Agni. Vichnou y parait sous la forme de Krichna, quoique cependant ce dernier ne prenne positivement l'aspect d'une incarnation divine que dans le célèbre épisode mystique de la Bhâgavad Gîtâ où il révèle sa véritable nature à son ami Ardjouna. Dans ce poème, le côté moral est peut-être moins développé que dans le Râmâyana, mais, par contre, il traite, sous forme de récits, de sujets variés, mythologiques, cosmogoniques et soi-disant historiques, qui lui donnent une certaine analogie avec les Pourânas.

Sous le nom de *Pourânas*[215] « récits de choses anciennes », on désigne une collection de livres religieux où sont exposés la mythologie, la cosmogonie et les doctrines de l'Hindouisme, accompagnées d'aperçus sommaires des principales notions historiques et scientifiques du temps. Ces ouvrages sont assez modernes, tous postérieurs à notre ère et quelques-uns même ne remontent peut être pas au delà du XIIIe siècle ; toutefois les Indiens prétendent que ce sont des compilations d'antiques Pourânas perdus, assertion qui n'est peut-être pas dépourvue de quelque fondement, car non seulement leurs légendes mythiques, mais encore tout leur fond en général, sont tirés des Védas et des Brâhmanas ; de plus leurs auteurs sont inconnus et on attribue leur composition à l'universel Vyâsa.

Les Pourânas ont été composés, dit-on, afin de donner des notions suffisantes de la religion aux femmes des différentes castes et aux Çoudras, à qui, on le sait, la lecture et l'étude des livres sacrés révélés sont interdites ; en fait, ce sont aujourd'hui les seuls livres où la grande majorité des Hindous puisent leurs connaissances religieuses. Il y a dix-huit Pourânas,

---

[215] Purana.

complétés par autant d'Oupa-pourânas [216], qui portent chacun le nom du Dieu à la glorification duquel il est consacré, ou qui passe pour l'avoir révélé ; on les répartit d'après la même classification, en *Sâttvikas*, *Râdjasas* et *Tâmasas* dédiés respectivement à Vichnou, à Brahmâ et à Çiva : aux Sâttvikas appartiennent les Pourânas, intitulés *Vichnou, Bhagavata, Naradîya, Garouda, Padma* et *Vârâha* ; aux Râdjasas, *Brahmâ, Brahmânda, Brahma-vaivarta, Mârkandeya, Bhavichya* et *Vâmana* ; aux Tâmasas, *Çiva, Linga, Skanda, Agni, Matsya* et *Kourma*. En règle générale, tout Pourâna doit se composer de cinq sections traitant : 1° de la création de l'univers ; 2° de sa destruction et de sa reconstitution ; 3° de la généalogie et de l'histoire des Dieux, des richis et des grands sages ; 4° des Manvantaras ou règnes mythiques des Manous ; 5° de l'histoire légendaire des dynasties solaire et lunaire ; toutefois cette règle n'est pas toujours observée et certains Pourânas abordent des sujets variés qui leur donnent une sorte d'allure encyclopédique. En raison de leur monotonie et de la ressemblance presque identique de leur contexte, à part le Bhâgavata et le Vichnou, aucun Pourâna n'a été traduit intégralement ; nous ne les connaissons donc que par des analyses succinctes et quelques traductions fragmentaires de passages originaux particulièrement intéressants [217].

Les *Tantras* [218], que quelques sectes, surtout Çivaïtes, tiennent pour un cinquième Véda, sont des livres

---

[216] Upa purûna « sous-pourâna ».

[217] Voir la préface du Bhâgavata purâna, par Eug. Burnouf et l'Introduction du Vishnu-purâna de H. H. Wilson.

[218] Tantra « livre, traité ».

mystiques qui traitent des cérémonies et pratiques magiques susceptibles d'influencer la volonté des Dieux afin d'assurer au fidèle les biens qu'il ambitionne en ce monde ou dans l'autre, et exposent les mythes relatifs aux *Çaktîs*, déesses représentant l'énergie active, créatrice ou destructrice des Dieux et les formes diverses du culte qu'il convient de leur rendre, culte en général éminemment licencieux. Les Tantras représentent une phase relativement très moderne de l'Hindouisme, et leur composition ne remonte guère plus loin que le quatrième ou cinquième siècle de notre ère. Ils sont très nombreux, mais peu connus jusqu'à présent, en raison du soin jaloux avec lequel les Brâhmanes les cachent aux Européens. D'après ce que l'on en sait, ils paraissent être en grande partie imités, sinon même tirés de l'Atharva-Véda, avec les formules mystiques et magiques [219] duquel ils ont une grande analogie. Comme les Pourânas, chaque Tantra se compose de cinq sections qui traitent : 1° de la création ; 2° de la destruction de l'univers ; 3° du culte à rendre aux dieux et déesses ; 4° de l'acquisition de pouvoirs surnaturels ; 5° des quatre modes d'union avec le Dieu suprême, le tout entremêlé d'exaltations du principe féminin, c'est-à-dire de l'énergie toute puissante des Caktîs, et de formules infaillibles pour obtenir tous les biens ou accabler un ennemi de tous les maux imaginables.

MYTHOLOGIE

---

[219] Voir V. HENRY : *La Magie dans l'Inde antique.*

À première vue, un esprit superficiel pourrait s'imaginer que l'Hindouisme n'a rien changé à l'antique mythologie des Brâhmanas et des Védas. Et de fait, nous retrouvons dans ses écritures sacrées et profanes tous les anciens Dieux, Indra, Agni, Varouna, Soma, les Açvins, etc., dans leurs fonctions et avec leurs attributs habituels, et les Pourânas développent avec complaisance leurs vieilles légendes, en appuyant souvent, à la vérité, sur ce qu'elles ont de défavorable, notamment sur les penchants lubriques qu'elles leur prêtent, à Indra surtout, dont les aventures amoureuses, d'où il ne sort pas toujours à son avantage, n'ont rien à envier à celles de Jupiter. Mais ces Dieux, si on les dit toujours immortels, quoi qu'en réalité ils doivent disparaître comme tous les autres êtres à la fin du Kalpa, ne possèdent plus la puissance illimitée qu'ils avaient autrefois ; ils se montrent à nous comme de simples fonctionnaires préposés pour un temps à la protection et à la direction des diverses parties de l'univers ou de ses éléments, et subordonnés à une Puissance supérieure ; de plus, et c'est une conséquence fatale du système panthéiste, ce sont des créatures ou des émanations de l'un eu de l'autre des deux Dieux qui occupent, selon le cas, le rang suprême, Vichnou et Çiva.

On n'a pas encore pu, jusqu'ici, expliquer d'une manière satisfaisante comment et dans quelles circonstances ces deux Dieux, des parvenus, pourraiton dire, en tout cas des nouveaux venus dans la mythologie brâhmanique se sont substitués au Brahma (neutre) en qualité de Paramâtman ou Ame suprême et universelle. Par contre, il est possible de fixer approximativement leur apparition entre le cinquième et le premier siècle avant notre ère. Ils n'ont, en effet, aucun rôle dans le Mânava Dharma Çâstra, où Vichnou n'est nommé qu'une seule fois et seulement dans le douzième livre beaucoup plus récent que le reste de l'ouvrage, et figurent pour la première fois comme grands Dieux, Vichnou surtout, clans le Mahâbhârata et le Râmâyana. C'étaient donc des divinités qui occupaient déjà une place importante dans la croyance populaire à l'époque de la composition de ces poèmes, où, même, leur rivalité est déjà indiquée.

Cette rivalité, affirmée de plus en plus dans les récits pourâniques, permet de conclure que, dès le début, Vichnou et Çiva ont représenté deux religions ou sectes importantes antagonistes : quelques auteurs supposent que Vichnou personnifiait l'élément âryen et Çiva l'élément dravidien de la population indienne, mais cette hypothèse, pour vraisemblable qu'elle puisse être, n'est appuyée par aucune donnée probante. À une époque assez récente, des motifs inconnus, peut-être la nécessité de réunir toutes les forces brâhmaniques afin de résister à l'envahissement du Bouddhisme, ont amené une réconciliation et une fusion apparentes entre les deux croyances rivales qui ont abouti à la constitution de la Trinité brâhmanique ou *Trimourti* [220], réunissant en une seule personne le Dieu jadis tout-puissant et maintenant délaissé, Brahmâ, Vichnou et Çiva, en leur attribuant respectivement les rôles de créateur, de préservateur et de destructeur, ainsi que les qualités primordiales (*gunas*) d'activité ou de passion (*rajas*), de bonté (*sattva*) et d'obscurité ou d'ignorance

---

[220] Trimûrti « Trois Dieux, ou trois formes divines ».

(*tamas*). Fusion apparente car pour ses adorateurs, les Vichnouites [221], Vichnou est le seul Dieu suprême, l'Ame universelle avec tous les attributs de l'antique Brahma, Çiva et Brahmâ n'étant que ses émanations supérieures, tandis que Çiva remplit exactement le même rôle chez les Çivaïtes [222]. Dans l'un et l'autre groupe, Brahmâ assume les fonctions de créateur, en tant que *mourti* ou émanation occasionnellement sensible et visible de l'Ame universelle, mais il n'a plus de culte personnel et, à part au temple d'Adjmir son seul refuge, ne reçoit d'adorations que dans les sanctuaires dédiés à ses deux puissants confrères, surtout dans ceux de Vichnou avec lequel il garde plus d'affinités et qui lui emprunte trois de ses *Avatars* [223], ceux du poisson (*Matsya*), de la tortue (*Kourma*) et du sanglier (*Vârâha*).

Mais les récits pourâniques eux-mêmes semblent prendre à tâche de nous ramener à une origine commune, à une unité initiale de ces trois Dieux, à une sorte de monothéisme, en un mot. « Au commencement du jour (de Brahmâ), dit le Vâyou-pourâna, [224] Mahêçvara, le Seigneur suprême, né de Prakriti, entrant dans l'œuf, agita avec une extrême intensité Prakriti (*pradhâna*) et Pouroucha [225].

---

[221] Ou Vaisnavas.

[222] Çaivas.

[223] Avatâra « descente, incarnation ».

[224] V, 11-20.

[225] L'influence des théories Sânkhya est ici visible.

« De Pradhâna, lorsqu'il l'eut ainsi agitée, naquit la qualité de passion (ou d'activité, *Rajas*), qui fut alors une cause stimulante, de même que l'eau pour les graines.

« Quand il se produit une rupture d'équilibre entre les Gounas, alors apparaissent les divinités qui règnent sur elles. Des Gounas, ainsi agitées naquirent trois Dieux habitant en elles, suprêmes, mystérieux, animant toutes choses, pourvus de corps.

« La qualité de *Rajas* s'incarna en Brahmâ, celle de *Tamas* (obscurité ou ignorance) en Agni, celle de *Sattva* (lumière ou bonté) en Vichnou.

« Brahmâ, manifestation de Rajas, agit comme créateur ; Agni, manifestation de Tamas, remplit le rôle du Temps [226].

« Vichnou, manifestation de Sattva, demeure dans un état d'indifférence (ou d'équilibre). Ces Dieux sont les trois mondes, les trois qualités,

« Les trois Védas, les trois feux ; ils sont mutuellement indépendants, mutuellement liés.

« Ils existent l'un par l'autre et se soutiennent l'un l'autre ; ils sont les parties jumelles l'un de l'autre ils subsistent l'un par l'autre.

« Pas un seul moment ils ne se séparent ; jamais l'un d'eux n'abandonne l'autre. Içvara (Mahâdeva, Çiva) est

---

[226] Çiva est donc identique à Agni.

le Dieu suprême [227], Vichnou est supérieur au Mahat (principe de l'intelligence), et Brahmâ, plein de Rajas, fait œuvre de créateur. On doit tenir Pouroucha pour un être suprême et de même aussi Prakriti [228]. »

Allant plus loin encore, le Bhâgavata-pourâna [229] affirme l'unité primitive absolue des Védas, des Dieux et de la famille humaine : « Il n'y avait dans le principe qu'un seul Véda, le *Pranava* (la syllabe mystique *Om*) essence de tout langage, un seul Dieu Narâyana (d'abord Brahmâ puis Vichnou), un seul Agni, une seule caste. Pouroûravas fut l'auteur du *Triple Véda* au commencement de l'âge Tréta. »

Dans cette combinaison trinitaire, qui peut nous sembler arbitraire, mais découle en réalité de la théorie de l'influence irrésistible des trois Gounas, incarnées ou personnifiées en autant de divinités, Brahmâ est définitivement sacrifié. On pourra lui donner les épithètes d'Etre suprême, de souverain Maître du monde, de Grand Aïeul des Créatures, il n'en sera pas moins un Dieu secondaire, une simple émanation de l'Etre véritablement suprême, sans énergie, sans initiative, toujours prêt à fuir les responsabilités, donnant aux autres Dieux l'exemple d'une retraite prudente toutes les fois que se présente quelque difficulté grave, ne sachant, en cas de danger, qu'en appeler à l'habileté et à la vaillance de Vichnou. Il est

---

[227] Le Vâyu-purâna est un livre Çivaïte.

[228] J. MUIR : *Original Sanskrit texts*, I, p. 74.

[229] IX, 14, 48.

réduit au rôle de Créateur ou de Démiurge, et relégué, une fois l'œuvre de la création accomplie, dans un arrière-plan d'inaction et d'inutilité. Parfois, cependant, une timide réminiscence de sa souveraine puissance de jadis le posera un instant en antagoniste avec les autres Dieux, lorsque, par exemple, il accorde le don d'invincibilité aux Daityas Bâli et Hiranyakcha et au Râkchasa Râvana, ou fournit de redoutables armes divines aux ennemis, démons ou hommes, des puissances célestes. Les écritures vichnouites consacrent sa déchéance en le faisant naître au sein d'un lotus sorti du nombril de Vichnou au moment où ce Dieu tout-puissant et préexistant s'éveille du long sommeil pendant lequel le serpent Çécha [230] l'a bercé sur les flots de l'Océan chaotique. Plus respectueuses de la tradition antique, les légendes çivaïtes en font une émanation personnelle de Çiva déposée par lui, ainsi qu'un germe fécond, dans l'œuf d'or qui contient à l'état virtuel la création tout entière. On donne à Brahmâ un teint rouge (vague réminiscence peut-être de son origine ignée), quatre têtes (l'un des Védas est sorti de chacune de ses bouches) et quatre bras dont les mains tiennent le disque solaire (*tchakra*), une conque marine (*çankha*), un chapelet et une cuillère à sacrifice. Jadis, dit-on, il eut cinq têtes, mais en perdit une brûlée par un regard de Çiva au cours d'une querelle violente avec ce Dieu.

Dieu bon, préservateur et protecteur de la création, essentiellement bienveillant, ne ressentant de colères et n'exerçant de justes rigueurs que contre les ennemis des Dieux et des hommes, démons, tyrans ou impies,

---

[230] Çéṣa, roi des serpents, symbole de l'infini.

Vichnou parait avoir hérité des attributs principaux et des fonctions d'Indra en tant que protecteur attitré des Aryas, héritage qu'explique et justifie du reste le rôle d'allié, d'*alter ego* de ce Dieu que lui font jouer les quelques hymnes du *Rig-Véda* où il est mis en scène. La littérature postérieure, tant brâhmamique qu'hindouiste, accuse de plus en plus son caractère de protecteur et de sauveur du monde, le montre toujours prêt à partir en guerre contre les perturbateurs du bon ordre sans connaître les hésitations pusillanimes des autres Dieux (souvent d'ailleurs compromis par des concessions ou des faveurs imméritées arrachées à leur faiblesse), surtout toujours habile à trouver les moyens de tirer l'aéropage divin des situations difficiles où il se trouve fréquemment acculé. Cette finesse ou cet astuce est, dans toute la mythologie, la note dominante du caractère de Vichnou.

Les mythologues, tant Indiens qu'Européens, s'accordent presque unanimement à considérer Vichnou comme une personnification d'un mythe solaire ; on invoque d'ordinaire à l'appui de cette opinion, son caractère incontestablement lumineux, la légende de ses trois pas que l'on assimile aux trois positions du soleil dans le ciel, ses luttes contre les démons, puissances des ténèbres autant que du mal, et enfin la tradition indienne. Il ne faut pas oublier cependant que le plus antique de nos documents, le *Rig-Véda*, le présente comme un doublet d'Agni, le feu, dont Indra lui-même, à qui Vichnou est si étroitement apparenté, n'est très probablement que la manifestation atmosphérique. Les *trois pas* de Vichnou, le grand argument invoqué en faveur de son rôle solaire, peuvent aussi bien et mieux encore se rapprocher des trois positions ou demeures d'Agni sur la terre, dans l'atmosphère et dans le ciel, que des trois positions du soleil à son lever, au milieu du jour et à son coucher ; toutes les fois que Vichnou se manifeste dans les récits brâhmaniques et pourâniques, ce n'est jamais dans le ciel, mais sur la terre, sur l'autel et dans le feu du sacrifice, avec un teint rouge, jaune ou noir, enveloppé de vêtements divins dont la couleur jaune d'or ou noire rappelle celle des flammes ou de la fumée ; enfin, dans de nombreux passages, Vichnou est explicitement identifié au sacrifice, c'est-à-dire au feu sacré, essence et origine de toutes choses. Le caractère igné de Vichnou paraît, en somme, se dégager nettement des descriptions qu'on en fait et des fonctions qu'on lui attribue ; mais, pour concilier toutes les opinions, il suffit de se souvenir de l'étroite parenté que les hymnes des Védas nous révèlent entre les mythes solaires et ignés, entre le soleil, feu céleste, et le feu terrestre de qui le soleil et l'éclair ne sont que des manifestations localisées. En réalité, Vichnou paraît personnifier le *sacrifice*, ou plus exactement le *feu sacré* du sacrifice.

Étant données ses fonctions de préservateur et de protecteur de l'univers et des êtres, il est naturel, indispensable même, que Vichnou intervienne fréquemment dans les affaires du monde, et ces interventions constituent, en effet, toute sa légende mythique. Seulement nous nous trouvons ici en présence d'une conception toute spéciale à l'esprit indien qui, non seulement, considère le repos absolu, l'inactivité physique et morale comme le bien et le bonheur suprêmes, mais encore fait de cette inactivité, la qualité primordiale d'une divinité souveraine. L'absence de passion, même dans le bon sens, est la caractéristique de la perfection. Or, toute activité comporte la passion ou le désir d'agir, et constitue par conséquent un état d'infériorité incompatible avec la perfection qui est l'attribut premier d'un grand Dieu. Qu'on le nomme Brahma, Paramâtman, Vichnou ou Çiva, le Dieu suprême ne saurait, sans perdre la perfection qui fait sa suprématie, faire un acte quelconque impliquant action, mouvement, peut-être même volition. Entité méditative, inerte, pure raison, il n'agira pour créer, protéger et détruire que par des substituts qui seront tantôt des émanations ou des incarnations de son essence divine (c'est le cas de Vichnou), tantôt des manifestations sous forme féminine de son énergie (les Çaktîs de Çiva). Conformément à ce principe, lorsqu'arrive le moment de la creation, Vichnou, s'éveillant du long sommeil pendant lequel, couché sur les replis du serpent Çécha [231] il a été bercé sur les flots de l'océan chaotique, fait naître de sa propre personne Brahmâ, le demiurge, qui façonnera les mondes et créera ou engendrera les êtres suivant le plan préconçu par la volonté divine, et quand plus tard de grands cataclysmes ou des actes pernicieux des démons mettront en danger l'œuvre de la création, il interviendra par voie d'incarnations partielles de son essence se manifestant visiblement dans le monde sous des formes diverses appropriées à ses desseins et aux perturbations, auxquelles il sera urgent de parer. Ces incarnations, nommées *Avatârs* [232], varient fréquemment de noms, de nombre et de détails selon

---

[231] Çesa ou Ananta, le temps infini.

[232] Avatâra « descente ».

l'intention ou l'imagination de l'auteur des récits ; toutefois, le Bhâgavata-pourâna, qui fait autorité en la matière, en rapporte vingt-deux et, le plus souvent, les traités orthodoxes ne font allusion qu'à dix Avatars principaux, ceux en poisson, en tortue, en sanglier, en homme-lion, en nain, en Paraçou-Râma en Râma-Tchandra, en Krichna, en Boudha et en Kalki. Il est à remarquer que ces incarnations progressent d'une façon régulière de l'animal inférieur à l'homme et au Dieu suivant la voie normale du système de la transmigration et semblent être les précurseurs imprévus de la théorie moderne de l'évolution.

1° *Matsydvatâra*. Incarnation de Vichnou en poisson pour sauver du déluge le Manou Vaivasvata. — Cette légende a soulevé de vives controverses relativement à l'existence du déluge dans l'Inde, cataclysme dont le *Rig-Véda* ne fait aucune mention, et dont il est question pour la première fois dans le Çatapatha-brâhmana [233]. On a voulu y voir un emprunt à la tradition biblique. Cet emprunt, à la tradition non biblique mais chaldéenne, n'aurait en soi rien d'impossible, étant donné la proximité de l'Inde et de la Chaldée ; mais la relation indienne présente de sérieuses différences avec le récit chaldéen du déluge et parait être toute mythique. L'événement se place à la fin du Kalpa précédant l'âge actuel du monde et se rapporte à l'une des destructions partielles périodiques de l'Univers. Le sage Manou Vaivasvata, fils du soleil, faisait ses ablutions au bord d'une rivière [234], lorsqu'un petit poisson vint se réfugier

---

[233] I, 8, 1, 1.

[234] Chaque récit donne un nom différent.

entre ses mains en le suppliant de lui sauver la vie menacée par voracité des autres poissons, et pour cela de le garder dans son vase à eau. Bientôt à l'étroit dans cet espace exigu le poisson pria Manou de le placer dans un récipient plus vaste, et successivement, à mesure qu'il grandissait, de le transporter dans un étang, dans le Gange et enfin à l'océan. Là, prenant tout à coup une dimension prodigieuse, le poisson révéla à Manou la prochaine destruction du monde par un déluge et lui commanda de construire un navire sur lequel il s'embarquerait afin de sauver sa vie [235]. Le déluge étant arrivé, le poisson prend le vaisseau à la remorque, au moyen d'un câble attaché à sa corne, le conduit en sûreté au sommet de l'Himâlaya et révèle à Manou sa nature divine. Les eaux ayant baissé, Manou sort du navire pour offrir un sacrifice, des flammes duquel naît une femme, Idâ ou Ilâ, avec laquelle Manou engendre une nouvelle race d'hommes.

2° *Kourmâvatâra*. Incarnation de Vichnou en tortue. Les Dévas (dieux) et les Asouras (démons), en lutte pour la prédominance, conviennent de faire alliance afin de chercher l'Amrita [236], qui doit leur donner la puissance et l'immortalité, contenue dans les eaux du grand Océan ou *mer de lait*. Mais pour obtenir l'Amrita, il faut baratter l'Océan. A cet effet, Vichnou se métamorphose en tortue (*kurma*), prend sur son dos le mont Mérou autour duquel les Dévas et les Asouras attachent en guise de corde le serpent Çécha, et le tirant

---

[235] Récit du Çatapatha-brâhmana et du Mahâbhârata. Le Bhâgavata, l'Agni, et le Matsya Pouranas font envoyer le navire par les Dieux.

[236] Amrta, ambroisie, liqueur d'immortalité.

les uns par la tête, les autres par la queue font enfin sortir de l'Océan la précieuse liqueur, de laquelle, naturellement, les Asouras sont frustrés par la ruse de Vichnou qui, prenant la forme d'une femme à la beauté irrésistible, Mohinî, séduit et égare si bien les démons qu'ils laissent les Dévas s'emparer de toute l'Amrita.

3° *Varâhâvatâra*. Incarnation en Sanglier. — Les légendes pourâniques donnent deux causes à cet Avatâr. Suivant la tradition la plus répandue, le démon Daîtya Hiranyakcha s'étant emparé de la terre et l'ayant entraînée au fond des abîmes de l'Océan, Vichnou revêtit la forme d'un sanglier monstrueux pour combattre et tuer le démon et ramener à la surface des eaux la terre soulevée sur un de ses boutoirs. D'après l'autre récit, emprunté au Çatapatha-Brâhmana, Vichnou avait pour but de recouvrer les Védas volés par Hiranyakcha pendant le sommeil de Brahmâ. C'est du reste à Brahmâ que les Brâhmanas attribuent ces trois premières incarnations qui n'ont passé que tardivement dans la légende de Vichnou.

4° *Narasimhâvatâra*. Incarnation de Vichnou en homme-lion. — Un démon, Hiranyakaçipou, roi des Daityas, avait, à force de sacrifices, de pénitences et d'austérités religieuses, obtenu de Brahmâ le privilège de ne pouvoir être vaincu ni tué par les Dieux, les hommes ou les animaux. Fort de cet avantage, il exerçait sur le monde une tyrannie sans frein et menaçait même la puissance des Dieux, exigeant qu'on lui offrit les sacrifices qui leur étaient destinés. Ce démon avait un fils, nommé Prahlâda, fervent adorateur de Vichnou, qu'il aurait plusieurs fois fait périr sans l'intervention opportune de ce Dieu. Un jour que le père et le fils se disputaient au sujet de l'omniprésence de Vichnou, Hirânyakaçipar frappa du poing une colonne de son palais en défiant le Dieu d'y être enfermé ; mais de la colonne entr'ouverte Vichnou surgit sous l'aspect d'un homme-lion (par conséquent ni Dieu, ni homme, ni animal) et mit en pièces le démon contempteur de sa puissance.

5° *Vâmanâvatâra.* Incarnation en Nain. — Un autre démon, Bali, également roi des Daityas, avait acquis par sa piété une telle puissance qu'il avait conquis l'univers et était sur le point de détrôner les Dieux et de les chasser du ciel. Ceux-ci, dans ce danger, eurent recours aux artifices inépuisables de Vichnou qui, prenant l'aspect d'un brâhmane très petit, vint demander à Bali comme don brâhmanique l'espace de terrain qu'il mesurerait en trois pas. Très généreux, Bali agréa aussitôt sa requête ; mais alors Vichnou, reprenant sa forme divine, de son premier pas franchit la terre, du second le ciel, puis s'arrêtant au seuil du monde infernal il en laissa la possession à Bali en récompense de sa piété et de sa générosité. (Nous retrouvons ici à peine dénaturé le mythe védique des trois pas de Vichnou venant en aide à Indra).

6° *Paraçou-Râma.* — Incarnation en un brâhmane guerrier, fils de Jamadagni, afin de mettre à la raison la race des Kchatrîyas révoltés contre l'autorité supérieure des brâhmanes. Pour venger son père, tué par les fils du roi Kârtavîrya, il fit en vingt et une rencontres un tel massacre de kchatrîyas que les brâhmanes durent s'unir aux femmes kchatriyâs afin de reconstituer cette race totalement éteinte.

7° *Râma-Tchandra*. — Incarnation de Vichnou en un prince de la dynastie solaire, fils de Daçaratha, roi d'Ayodyâ (actuellement Oude), afin de délivrer la terre de la tyrannie du démon Râvana, roi des Râkchasas, de détruire la race des Râkchasas (ogres) et de conquérir Ceylan (Lankâ) et l'Inde méridionale. Au moment où il va être appelé à partager l'autorité paternelle, Râma est exilé pour quatorze ans sur un ordre arraché à la faiblesse de son père par l'astucieuse Kékéyî qui veut ainsi assurer le trône à son propre fils, Bharata, et malgré les efforts et les supplications de sa mère, Kauçalyâ, Râma va vivre en ermite dans la forêt avec sa femme Sîtâ et son frère Lakchmana. Daçaratha meurt de chagrin. Bharata court après son frère pour le déterminer à prendre le pouvoir royal, mais celui-ci, fidèle aux volontés de son père, refuse de rentrer à Ayodhyâ avant la fin de son temps d'exil. Sîtâ est enlevée par Râvana et, pour la délivrer, Râma vient mettre le siège devant Lankâ à la tête d'une armée de singes et d'ours, commandée par le roi des singes, Sougriva, et Hanouman, le dieu-singe fils du vent. Après de terribles combats où les Râkchasas périssent par milliers, il tue Râvana, s'empare de la cité et de l'île de Lankâ, reconquiert Sîtâ et revient, couvert de gloire, régner à Ayodhyâ que son frère, Bharata, a gouverné pour lui pendant sa longue absence. Râma est le type parfait de la justice, du respect de la parole donnée, de la piété filiale et de l'amour conjugal [237].

---

[237] Nombre d'auteurs croient, et peut-être non sans raison, que ces deux derniers avatars reflètent d'antiques traditions historiques.

8° *Krichna*. — À la fin du troisième âge du monde, ou *Dvâpara Youga*, la terre gémissait sous la tyrannie de Kamsa, roi de Mathourâ, et lasse de ses souffrances vint se plaindre aux Dieux, et à leur requête Vichnou consentit à s'incarner en Krichna[238], le Dieu fait homme pour le salut des êtres, fils de Dévakî, sœur ou nièce de Kamsa, et du prince Vasoudéva. Averti par une voix céleste que le fils de Dévakî doit lui ravir la royauté et la vie, Kamsa fait jeter Dévakî et Vasoudéva dans une prison rigoureusenient gardée. Mais les dieux déjouent ses desseins et aussitôt que Krichna est né, grâce à leur assistance, Vasoudéva petit l'emporter et, traversant à pied sec la Yamounâ débordée, le confier hors du royaume de Mathourâ aux soins du berger Nanda, tandis que, furieux à la pensée que sa victime puisse lui échapper, Kamsa fait massacrer tous les enfants mâles nouveau-nés. Cependant Krichna grandissait au milieu des bergers et des bergères partageant leurs travaux et leurs plaisirs, non sans soutenir de temps à autres de victorieux combats contre les démons émissaires de Kamsa ou ennemis de ses compagnons les bergers, parmi lesquels sa victoire sur le serpent Kalîya, qui empoisonnait de son haleine les alentours de la Yamounâ, rappelle d'une manière curieuse celle d'Hercule sur l'hydre de Lerne. Enfin Kamsa réussit à l'attirer à Mathourâ sous le prétexte de jeux athlétiques afin de le faire périr. Mais Krichna, aidé par son frère Bala-Râma, tue successivement tous les séides de Kamsa et le met à mort lui-même. Attaqué dans Mathourâ par une coalition des parents de Kamsa, il quitte cette ville et avec ses compagnons, les Yadavas,

---

[238] K*r*sna, le noir.

va fonder la cité de Dvarakâ, sur la côte du Gouzerat. Lors de la guerre entre les Pândavas et les Kauravas, il prend parti pour les premiers et guide dans la bataille le char de son ami Ardjouna ; puis, après la victoire de ses parents, les Pândavas, nous le voyons se mesurer victorieusement avec Indra, et enfin il tombe mortellement frappé au talon par la flèche d'un chasseur imprudent après avoir vu ses sujets s'entretuer jusqu'au dernier dans une orgie, et la brillante cité de Dvarakâ engloutie par l'Océan[239].

9° *Bouddha*. — Au commencement de lge Kali, Vichnou s'incarne en la personne du fondateur du Bouddhisme afin de précipiter la perte des impies en leur enseignant de fausses doctrines, le mépris des Dieux et l'abandon des sacrifices.

10° *Kalki*. — Forme apocalyptique que Vichnou revêtira à la fin du Youga actuel pour détruire le monde corrompu, châtier les impies et rétablir la piété et la pureté parfaites.

Ainsi que tous les autres dieux Vichnou a une compagne, Lakchmî, déesse de la beauté et de la fortune, née de l'écume de l'océan, lorsque les Dieux le barattèrent pour en retirer l'Amrita. Type de la fidélité et de l'amour conjugal, Lakchmî ne quitte jamais son époux et s'incarne toujours en même temps que lui ; c'est ainsi qu'elle devint Sîtâ pour Râma, Roukminî et Râdhâ pour Krichna.

---

[239] Le Bhâgavata-purâna est consacré à l'histoire et à la glorification de Krichna.

Çiva est, lui, un nouveau venu dans la mythologie brâhmanique où son nom ne paraît qu'à une époque assez tardive, et même, jusqu'à un certain point, l'opinion de ceux qui veulent voir en lui un ancien Dieu indigène des populations dravidiennes conquises peut se soutenir ou, tout au moins, se discuter. Il est incontestable, en effet, que le caractère vindicatif et cruel que lui donnent nombre de ses légendes, les sacrifices sanglants avec lesquels on l'adore, ainsi que les divinités féminines et autres qui orbitent autour de lui, semblent tenir davantage d'un culte sauvage que s'adapter au caractère plutôt doux et méditatif des Indiens. Mais, d'un autre côté, il est non moins certain que son rôle de destructeur découle naturellement de la conception des trois états de l'univers et de toutes choses, création ou formation, développement, destruction ou désagrégation. sans impliquer obligatoirement un caractère de cruauté, que, du reste, Çiva n'a pas dans les doctrines élevées des philosophes de sa secte [240] ; qu'il ne manque pas, dans le *Rig-Véda* lui-même de divinités pourvues d'attributs et de fonctions tout aussi redoutables ; et enfin que si l'on se plaît trop souvent à le représenter sordide et recouvert de cendres, c'est en qualité de protopype des fameux ascètes dont il est le patron et auxquels il emprunte aussi son caractère irascible et vindicatif.

Que son origine soit âryenne ou dravidienne, le Çiva que nous connaissons s'est emparé de tous les attributs du terrible Roudra védique ; comme lui, il est destructeur, comme lui, il est justicier, et les maux dont

---

[240] Voir le *Siva potham* et le *Siva gnâna siddhiar* d'Arunandi Sivâtchârya.

il accable les hommes sont les châtiments de leurs fautes, de leurs transgressions de la loi divine et humaine : comme lui enfin, il est le protecteur attitré des troupeaux et préside à leur multiplication ; mais de plus il est guérisseur, possède et distribue des remèdes aux maux qu'il a lui-même causés.

Tantôt on le représente comme un Dieu violent et jaloux, peu sympathique en somme, toujours prêt à se quereller avec les autres Dieux, à tirer des vengeances terribles des injures qu'il reçoit ; telle, par exemple, la légende fréquemment citée de son intervention dans le sacrifice de Dakcha. Tantôt on nous le montre les cheveux nattés relevés en touffe (*djata*) au sommet de la tête, coiffure des ascètes, le corps couvert de cendres, assis, plongé dans une profonde méditation sur un pic de l'Himâlaya ou du Kailâsa, et alors il est dangereux de le troubler dans ses austérités : pour avoir tenté pareille aventure, pour l'avoir, au profit de la belle Oumâ, fille de l'Himâlaya [241], blessé d'une de ses flèches armées d'un bouton de lotus, Kâma, le dieu de l'amour, fut réduit en cendres par un regard de l'irascible ascète et ce n'est que longtemps après, grâce aux supplications d'Oumâ, qu'il obtint de revivre en la personne de Pradyoumna, le fils de Krichna et de Roukminî.

Quand on le représente sous sa forme divine on donne ordinairement à Çiva quatre mains dans lesquelles il tient un tambour enroulé d'un serpent, un trident, un daim, un vase de feu, ou bien encore un arc, une massue terminée par une tête de mort, ou un

---

[241] Ou du dieu de cette montagne, Himavat

serpent. Sur sa tête brille le croissant de la lune et dans les nattes flottantes de ses cheveux apparaît la déesse Gangâ [242], en souvenir du service signalé que Çiva rendit à la terre en recevant sur sa tête et en canalisant le long de ses tresses la rivière sacrée lorsqu'elle descendit du ciel pour aller dans les profondeurs du Patala laver les cendres des fils de Sagara. Des serpents entourent son cou et ses bras. Une peau de tigre ou d'éléphant lui sert de vêtement, souvent orné de têtes de mort quand on donne à Çiva son rôle de destructeur. Parfois aussi il a cinq têtes, d'où son nom de *Pantchamouka* [243].

Quand Çiva se manifeste dans le monde, il n'apparaît pas, comme Vichnou, sous forme d'Avatârs, mais sous quelqu'un de ses aspects divins ; quelquefois aussi sous un déguisement humain, comme lorsqu'il prit l'apparence d'un chasseur montagnard pour éprouver dans un combat singulier la vaillance et l'habileté d'Arjouna ; une fois, cependant, il créa de son essence même un être effroyable [244] afin de venger l'offense que lui avait faite Dakcha, son beau-père, en refusant de l'inviter au sacrifice qu'il offrait à tous les autres Dieux, et la mort de sa femme Sâti qui se suicida de douleur de l'insulte faite par son père à son époux bien-aimé.

Au moment où le sacrifice allait s'accomplir, Vîra-Bhadra apparut soudain dans l'enceinte consacrée sous l'aspect d'un guerrier gigantesque enflammé de fureur,

---

[242] Le Gange.

[243] Pançamukha « cinq visages ».

[244] Vira-Bhadra.

mit eu fuite les Dieux et les brâhmanes, dispersa les offrandes, et enfin trancha la tête de Dakcha qui roula et fut consumée dans le feu du sacrifice. C'est pourquoi, quand plus tard, dans sa miséricorde, Çiva rendit la vie à Dakcha, il dût remplacer sa tête par celle d'un bélier [245].

Mais s'il n'a point d'avatârs, par contre Çiva possède deux fils illustres, investis de fonctions multiples, *Ganêça* et *Skanda*.

Ganêça, qu'on nomme aussi *Ganapati* [246], *Hérumba*, *Vinâyaka*, *Vighnêça* et *Vighnarâdja* [247], est généralement désigné comme le Dieu de la sagesse, le destructeur des obstacles aux entreprises des hommes, ceux surtout qui obscurcissent l'intelligence, la personnification du succès et du bonheur terrestre parfait, et considéré comme essentiellement bienveillant et bienfaisant. Il a cependant aussi un côté démoniaque, car s'il écarte les obstacles au profit de ses adorateurs, il sait également les accumuler devant les pas de ceux qui le négligent. Aussi est-il l'objet d'un culte général et très fervent (on l'invoque au commencement de toutes les cérémonies religieuses, sauf des sacrifices funéraires, au moment d'entreprendre un voyage, un travail ou une affaire quelconque, et tout spécialement au début de tous les

---

[245] Les images de Vira-Bhadra sont presque toujours accompagnées de celle de Dakcha sous la forme d'un petit personnage à tête de bélier dans l'attitude d'un suppléant.

[246] « Seigneur des Ganas ». Les Ganas (litt. *hordes*) sont d'innombrables génies, tantôt bienveillants et tantôt malfaisants, qui constituent les armées de Çiva.

[247] « Seigneur ou Roi des obstacles ».

livres sacrés ou profanes). S'il a peu de grands temples, ses sanctuaires sont innombrables et son image se voit dans tous les villages, aux carrefours des routes et dans toutes les maisons, où il figure parmi les cinq Dieux protecteurs du foyer domestique [248]. Chez les populations tamoules, il reçoit le nom de *Poléar* et a la charge de la garde des portes des villes, fonction dans laquelle on lui donne souvent deux visages, comme à Janus. Il a deux épouses, les déesses *Riddhi* « prospérité » et *Siddhi* « succès ».

Quant à *Skanda*, engendré par Çiva et Prithivî pour combattre et tuer le démon Târaka, habituellement qualifié Dieu de la guerre il est le général en chef des Ganas, placé à ce qu'il semble sous les ordres de Ganéça, et combat à leur tête les démons ennemis des Dieux, et ceux qui prennent possession des hommes. On le nomme aussi fréquemment *Kârttikéya* parce que, dit-on, il eut pour nourrices les six étoiles de la constellation *Krittika* [249], (une légende populaire explique même les six têtes de ce Dieu par son désir de satisfaire ses six nourrices), et sous ce nom il est, bien involontairement sans doute, l'un des patrons des voleurs. Sous celui de *Koumâra* enfin, il personnifie la beauté masculine, en raison de quoi les femmes l'invoquent pour avoir de beaux enfants. Moins universellement adoré que Ganéça, Skanda a cependant beaucoup de temples, surtout dans l'Inde méridionale où, sous le nom de *Soubrahmanya*, il est le protecteur

---

[248] Pancayatana. Ces cinq Dieux sont Vichnou, Çiva, Sourya, Ganéça et Pârvatî.

[249] K*r*ttikâ. Les Pléiades.

attitré des brâhmanes. On le représente habituellement, en tant que Dieu de la guerre, avec six têtes et douze bras, et un paon lui sert de monture et d'emblème.

En raison de cette conception essentiellement indienne que l'absence de passion, de désir et d'action constitue la qualité indispensable, la caractéristique de la nature divine, chaque Dieu, nous l'avons vu, est toujours accompagné, ou plutôt complété par une Déesse, son épouse, qui personnifie sa puissance, sa force, son énergie active et accomplit en son lieu et place, les fonctions que la mythologie lui assigne. Les Dieux, la pluplart du temps, sont monogames : Brahmâ a pour épouse unique Sarasvatî, Indra Indranî, Vichnou Lakchmî ; et quand, par hasard, la tradition pour le besoin des mythes multiplie leurs compagnes, elle leur donne des concubines (ainsi Tchâyâ dans la légende de Sourya) ou bien leur prête des amours illégales avec des nymphes ou de simples mortelles. Tel n'est pas le cas avec Çiva, nettement polygame, à qui la mythologie pourânique attribue six épouses (*Çaktî* « énergie ») sans compter les multiples incarnations, manifestations et transformations de deux d'entres elles, *Kâlî* et *Dourgâ*. En réalité, toutefois, ces Déesses, qui ont reçu des noms et des formes divers ne sont que des transformations d'une seule et même personnification correspondant aux attributs caractéristiques de Çiva, en tant que créateur et destructeur, et se résument en une seule Çaktî, appelée *Dévî* « la Déesse ».

e même que Çiva est tantôt blanc et bienveillant, tantôt noir et terrible, de même ses Çaktîs sont les unes blanches et les autres noires. Les blanches, représentant les aspects bienfaisants de la nature féconde et nourricière, portent les noms de *Prithivî*, la déesse de la terre, *Parvati* « la montagneuse » autre personnification de la terre, *Oumâ*, fille de l'Himâlaya qui se confond avec Pârvati, *Gaourî* « la jaune » ; quant aux noires, personnifications des qualités redoutables de Çiva, elles sont représentées par *Kâli*, *Dourgâ*[250] et leurs nombreuses incarnations. Malgré leur aspect rébarbatif et la cruauté de leur caractère, Kâli et Dourgâ ne sont pas toujours les Déesses de destruction et de carnage que décrivent les légendes tantriques : invoquées avec dévotion et avec les sacrifices qu'elles réclament, elles protègent au même titre et plus efficacement même que leurs contre-parties blanches et passent surtout pour dispenser à leurs fidèles des pouvoirs surnaturels, assurer leur prospérité et les mettre à même de triomplier de leurs ennemis, aussi sont-elles, Kâli, surtout, beaucoup plus adorées que leurs compagnes ; mais l'amour du carnage, l'apétit de chair et la soif du sang qu'on leur attribue donne un caractère particulièrement cruel et sanguinaire aux sacrifices célébrés en leur faveur, car on croit que, faute d'être rassasiées de sang d'animaux, elles répandront celui des hommes, qu'elles préfèrent d'ailleurs à tout autre : on dit que le sang d'un tigre satisfait Kâli pour cent années et celui d'un homme pour mille. Les Çaktîs de Çiva sont représentées, selon le rôle qu'elles remplissent, tantôt avec un visage beau et serein, tantôt avec une face effroyablement grimaçante ; elles ont de nombreux bras (de quatre à douze) et portent avec les attributs de Çiva (le tambour et le daim) des armes mombreuses dont elles se servent dans leurs combats contre les démons

---

[250] Durgâ.

rivaux des Dieux ; elles sont coiffées de la tiare royale, vêtues de riches vêtements et parées de bijoux, remplacés le plus souvent, pour Kâli et Dourgâ, par des colliers et des ceintures des crânes humains et par des bracelets de serpents.

Le panthéon hindouiste compte, en plus de ces divinités de nombreux Dieux et Déesses secondaires, patrons tutélaires des villes, des villages et des particuliers, spéciaux à chaque localité et par cela même défiant toute énumération. Quant aux génies et aux démons, ce sont les mêmes que nous avons trouvés dans le brâhmanisme philosophique et dans les Védas, et ils jouent les mêmes rôles à cela près qu'ils interviennent peut-être plus volontiers dans les affaires des hommes dont ils causent tous les maux et les malheurs.

Création. Cosmogonie.

Le caractère particulier de l'Hindouisme et du Vedânta, qui est en réalité sa base, étant la conception d'un Dieu suprême, essence et auteur de tout ce qui existe, nous ne trouvons plus dans ces systèmes, qu'un seul mythe de création, considérée comme l'œuvre personnelle d'un Dieu émanation de l'Ame universelle, très rapproché pour le fond et la forme de celui qu'expose Manou, et dont les récits divers ne présentent que des variantes peu importantes de détail, telles que celles qui distinguent la légende des Vichnouites de celle des Çivaïtes, à condition de se souvenir que Vichnou et

Çiva personnifient l'Ame universelle, chacun pour ses adorateurs respectifs.

Selon la version vichnouite, Vichnou plongé dans un profond sommeil, reposait couché sur les replis du serpent Çésha, mollement bercé sur les flots de l'océan chaotique, alors que rien n'existait dans l'univers qu'une matière confuse. S'éveillant, il fut pris du désir de créer et de son nombril il fit surgir un lotus d'où sortit Brahmâ, le demiurge. Celui-ci, séparant les éléments confondus, créa le ciel et la terre qui reposent sur les eaux de l'océan primordial ; puis, las de sa solitude, il était androgyne, — il partagea son corps en deux parties, l'une mâle et l'autre femelle à laquelle il donna le nom de Sarasvati [251] ou de Çataroupâ [252], et s'accouplant avec elle, engendra successivement les Dévâs, les démons Asouras. les hommes et les animaux de toutes espèces. Suivant une autre tradition, Brahmâ n'a pas engendré personnellement la race humaine, mais a chargé de cette œuvre ses dix fils, les *Pradjâpatis* [253] ; mais d'une façon comme de l'autre, les hommes et les êtres sont identiques de nature avec les Dieux, et en quelque sorte fils de Vichnou, puisqu'ils sont nés directement ou indirectement de son émanation, Brahmâ.

---

[251] La riche en eaux, celle qui coule.

[252] Celle qui a cent formes.

[253] Prajâpati « seigneur des créatures ».

Suivant de plus près la tradition de Manou [254], la légende çivaïte nous donne une version légèrement différente. Çiva, substitué en tant qu'Ame universelle au Brahma primitif, désireux de créer, produit d'abord les eaux, puis dépose dans leur sein un œuf d'or (*Hiranyagarbha*) renfermant à l'état de germe Brahmâ. Au bout d'un an, Brahmâ brise la coquille de l'œuf, en sort, fait le ciel de la partie supérieure de cette coque et, de sa partie inférieure, la terre. Puis, séparant son corps en deux parts, de la partie mâle il fait Virâdj et de la partie femelle Çataroupâ, qui seront les progéniteurs des Dieux, des démons, des hommes et des animaux d'une manière à peu près indentique à celle rapportée par les récits vichnouites.

Comme on le voit, la nuance est légère qui sépare les récits vichnouites et çivaïtes, et pourtant de cette différence, négligeable à première vue, découle une conséquence considérable qui séparera à tout jamais la conception philosophique de ces deux sectes sur la question de l'unité (*advaita*) ou de la dualité (*dvaita*) de la nature de l'homme (ou du moins de son âme) et de celle du Dieu suprême, Ame universelle. En effet, fils de Vichnou (ou ce qui revient au même d'une émanation de ce Dieu) les hommes et les êtres sont identiques de nature avec les Dieux et avec l'Ame universelle ; tandis que, nés d'une créature de Çiva, les Dieux, les hommes et les êtres sont d'une nature distincte de celle de l'Ame universelle. La conséquence importante de cette distinction est que, pour les Vichnouistes, le salut final ou *Mokcha* consistera dans l'absorption dans l'Ame

---

[254] Voir page 111.

universelle, et que, chez les Çivaïtes, ce sera simplement l'union avec cette âme, c'est-à-dire avec Çiva.

Le système cosmogonique de l'Hindouisme est également identique à celui de la phase religieuse précédente. Nous y trouvons en effet, la mention des trois mondes, ciel, atmosphère et terre qui constituent l'ensemble de l'univers, et, de même aussi, la division du monde terrestre en sept continents disposés concentriquement autour du mont Mérou, centre de l'univers, soutien du ciel, résidence des Dieux inférieurs. Peut-être la seule variante est-elle celle du Bhâgavata-pourâna qui attribue la division de la terre en sept continents à la tentative insensée du roi Priyavarta qui avait entrepris de suppléer, pendant la nuit, le soleil, afin que le monde fut constamment délivré des ténèbres : les mers qui séparent les sept continents sont les ornières creusées par les roues du char de Priyavarta. La même identité existe pour la composition et la durée des époques d'existence et de dissolution du monde, ainsi que pour la division du temps en Kalpas, Yougas, Manvantaras, années divines et humaines, saisons, mois, jours et heures. Les Indiens emploient cinq sortes d'années terrestres : année lunaire de trois cent cinquante-quatre jours, année solaire de trois cent soixante-cinq jours, année Sâvana de trois cent soixante jours, année Sidérale de trois cent vingt-quatre jours, année de Jupiter de trois cent soixante et un jours. Les années de Sâvana, Sidérale et de Jupiter ne sont employées que par les astronomes et les astrologues ; l'année solaire, d'adoption assez récente, est encore peu usitée et c'est l'année lunaire qui, aujourd'hui encore, sert exclusivement aux usages religieux publics et privés. Elle se compose de douze mois de trente jours, divisés chacun en deux quinzaines : quinzaine claire ou brillante, de la nouvelle à la pleine lune, quinzaine noire ou obscure de la pleine lune à la nouvelle. Pour la faire concorder avec l'année solaire, on ajoute tous les trois ans un mois intercalaire de trente jours ; sur trois années il y en a donc une de treize mois.

Les jours de l'année solaire sont censés correspondre à un degré. Ils se divisent en soixante *ghatikâs* ou heures de vingt-quatre de nos minutes ; la ghatikâ, à son tour, se subdivise en soixante *Palas* ou *Kalas* et le Pala en soixante *Vipalas*. Pour les cornpiilations religieuses et astrologiques on se sert comme unité, d'une mesure de temps appelée *Mouhourta* qui correspond à deux ghatikâs, soit par conséquent quarante-huit minutes.

Les vingt-neuf et demie divisions du mois lunaire ne sont pas à proprement parler des jours : on les nomme *Tithis*. Une Tithi est le temps dans lequel la lune, s'éloignant du soleil, parcourt douze degrés de son orbite ; ces jours sont par conséquent variables, — la rapidité de la course apparente de la lune augmentant ou diminuant, selon que, dans son mouvement elliptique, elle s'approche ou s'éloigne de la terre, — et peuvent avoir une durée maximum de soixante-cinq ghatikâs (26 heures) et mininurn de cinquante-deux ghatikâs (21 heures). Certaines Tithis renferment donc deux levers de soleil, tandis que d'autres n'en ont point. Ces dernières sont considérées comme particulièrement néfastes et impropres à la célébration des cérémonies religieuses, même des Çrâddhas, (ou sacrifices funéraires devant s'accomplir à date fixe, que l'on avance ou recule dans ce cas, d'un jour), à l'exception cependant des sacrifices quotidiennement obligatoires.

CULTE

Dans les cérémonies publiques, ou *poudjâs* [255] célébrées en l'honneur des divers Dieux et Déesses, aux jours consacrés à chacun d'eux, le culte est toujours réglé sur les antiques prescriptions du rituel védique, au moins quant au fond, c'est-à-dire qu'il consiste essentiellement en un holocauste d'offrandes dans un feu sacré allumé ou avivé suivant les rites traditionnels, avec accompagnement des mêmes prières, invocations et hymnes des Védas, dans le même ordre et dans les mêmes phases cérémonielles que prescrivent les Brâhmanas : on y ajoute seulement certaines invocations et certains hymnes de louanges spécialement consacrés au Dieu ou à la Déesse à qui s'adresse le sacrifice. Dans les détails, toutefois, les différences existent nombreuses, autant du moins que nous pouvons en juger par les descriptions de solennités religieuses que nous rencontrons dans les livres de liturgie et dans la littérature semi-profane, telle que le Mahâbhârata et le Râmâyana.

En ce qui concerne le sacrifice en lui-même, nous devons constater tout d'abord qu'il se célèbre habituellement [256] dans l'enceinte des temples, au lieu de s'accomplir en plein champ sur une aire choisie,

---

[255] Pujâ.

[256] Les pujâs solennelles, en l'honneur de Kâli et de Durgâ principalement, qui attirent des grandes foules d'assistants, se célèbrent, parfois sur la place publique, devant une grossière image d'argile de la Déesse, que l'on précipite ensuite dans une rivière à l'issue de la cérémonie.

délimitée et consacrée chaque fois, ainsi qu'il semble que cela se passait à l'époque du védisme et du brâhmanisme primitif, peut-être parce qu'alors il n'existait point encore de temples [257]. Une autre modification, et celle-là des plus importantes comme rupture avec l'antique tradition védique, est la suppressions des libations de *soma* (la plante qui le produisait est aujourd'hui inconnue des brâhmanes) remplacé exclusivement par le *ghi*, ou beurre fondu et clarifié, pour l'alimentation du feu sacré. Il ne faut pas oublier, non plus, la distinction capitale que font, entre les offrandes les cultes spéciaux vichnouites et çivaïtes. Tandis que le rituel des Védas et des Brâhmanas spécifie des oblations d'animaux concurremment avec celles de grains, de fruits et d'herbes sacrées, les sectes vichnouites n'admettent pas que le sang coule sur les autels de Vichnou, de Lakchmî, de Râma, de Krichna et des autres divinités de leur groupe : l'herbe de Kouça, les feuilles de tulasi et d'açoka, le riz, les graines oléagineuses, les gâteaux préparés de fine fleur de farine et de sucre ou de miel, l'eau pure du Gange ou de quelque autre rivière sacrée, sont les seules offrandes dignes de ces Dieux compatissants et bienveillants ; par contre, c'est avec des hécatombes de victimes de toutes sortes, même humaines, dit-on, et des libations de liqueurs spiritueuses que les Çivaïtes honorent Çiva, le Dieu redoutable, et surtout ses Çaktîs. Le culte de ces dernières dégénère même en de véritables orgies

---

[257] Il est à remarquer, en effet, qu'on ne connaît aucun édifice religieux antérieur au 2ᵉ siècle avant notre ère, bien que, cependant, les livres brâhmaniques et bouddhiques traitant de l'époque précédente fassent souvent mention de temples et d'images divines.

indescriptibles, où, au mépris des usages végétariens et de la tempérance habituelle aux Indiens, les assistants se gorgent de viandes, de poisson et de liqueurs fermentées en l'honneur de la Déesse dont ils célèbrent le culte.

Les grandes fêtes solennelles, — dont les principales sont celles de Çiva, le troisième jour de la nouvelle lune de Vaiçakha (avril-mai), de Krichna Djagannâtha, à la pleine lune de Djyêchtha (mai-juin) [258] et le deuxième jour de la nouvelle lune d'Achâdha (juin-juillet), de la Dola-Yâtrâ [259] (autre fête de Krichna et de Râdhâ) à la pleine lune de Çrâvana (juillet-août), de Çiva et de Pârvatî, le septième jour de la nouvelle lune de Bhâdrapada, de Kâlî, le premier jour de la nouvelle lune d'Açvina (septembre-octobre), de Dourgâ, le septième jour de Mârgaçîrcha (novembre décembre), — durent souvent plusieurs jours et plusieurs nuits ; la fête de Krichna, dans le mois d'Achâdha, notamment, se prolonge pendant huit journées, et celle de Kâli, du mois d'Açvina, pendant neuf fois vingt-quatre heures. On compte par centaines, et même quelquefois par milliers, les victimes (buffles, moutons et boucs) qui sont immolées aux sacrifices de Kâli et de Dourgâ. En général, ces fêtes comportent des processions diurnes et nocturnes où les images divines sont promenées sur des

---

[258] Cette fête se confond souvent avec la fête du printemps, appelée *Holi*. Elle est l'occasion de réjouissances populaires, rappelant un peu les confetti, pendant lesquelles les assistants se bombardent de poignées de poudre rouge, et quelquefois s'aspergent d'eau parfumée.

[259] « Fête de la balançoire ». Ainsi nommée parce qu'on balance les images de Krichna et de Râdhâ sur une escarpolète richement ornée.

chars monumentaux traînés par les fidèles, ou sur des pavois, avec accompagnement de musique, de chants et de danses qui revêtent presque toujours un caractère licencieux. Il est à peine besoin de rappeler, croyons-nous, — tant le fait est connu, — que chaque sortie du char de Krichna Djagannâtha est marquée par le suicide de nombreux dévots qui se précipitent sous les roues du véhicule sacré dans l'espoir de parvenir d'emblée au paradis de Goloka, demeure bienheureuse de Krichna, où les fidèles de ce Dieu, délivrés désormais de l'obligation de renaître sur la terre, jouissent dans une béatitude parfaite de l'éternelle présence de l'objet de leur adoration, suivant leurs mérites, dans l'un des trois états de *Sâlokya* « habitation dans le même lieu », *Sâmîpya* « proche voisinage », et *Sâroûpya* « ressemblance ».

Mais ces fêtes, qu'accompagnent presque toujours des réjouissances populaires et des foires très achalandées, ne sont que des cérémonies occasionnelles, indépendantes de celles qui se célèbrent quotidiennement dans les temples. Chaque matin, au lever du soleil, les desservants des sanctuaires, après avoir procédé à leurs ablutions et purifications rituelles, viennent dévotement adorer le Dieu auquel le temple est dédié, lavent son image avec de l'eau consacrée et du lait, l'oignent de parfums, la parent de riches vêtements et de bijoux précieux, puis lui font les offrandes réglementaires de lumières, d'encens, de fleurs, de feuilles de tulasi et d'açoka (pour les divinités du groupe de Vichnou) ou de vilva (pour Çiva et ses Çaktîs), de graines diverses, de riz, de gâteaux, de lait doux et caillé, etc., offrandes qu'ils répètent aux heures habituelles des repas, c'est-à-dire à midi et au coucher du soleil. Au moment de la sieste, ils viennent respectueusement coucher le Dieu, qu'ils réveillent de nouveau vers 4 heures, pour enfin le faire reposer définitivement au coucher du soleil. Souvent aussi les dévots laïques viennent asperger l'image divine d'eau sainte et de parfums, acte considéré comme éminemment méritoire, et faire en leur nom personnel, les offrandes rituelles ; mais ils ne prient guère dans les temples, qu'ils visitent cependant assez régulièrement chaque jour.

Outre ce culte extérieur et public, tout Hindou de caste est tenu de célébrer chaque jour les cérémonies domestiques des trois Sandhyâs du matin, de midi et du soir, et de consacrer plusieurs heures de la journée à la lecture des Védas, s'il est brâhmane, des Pourânas, s'il appartient à l'une des trois autres castes. Ces obligations, toutefois, paraissent être généralement négligées, même peut-être par les brâhmanes qui ne sont pas spécialement voués au sacerdoce. Il est, cependant, une partie de ce rituel qui paraît être assez scrupuleusement observée par toutes les classes de la société, celle relative au culte des cinq divinités protectrices du foyer domestique (*Pantchâyatana*), Vichnou, Çiva, Sourya, Pârvatî et Ganéça, représentées soit par de petites figures d'argent, de bronze, de pierre, de terre cuite ou de bois, soit sous la forme des pierres sacrées qui passent non seulement pour symboliser, mais même pour renfermer véritablement chacun de ces dieux : le *Çâlagrâma*[260] représentant Vichnou, le

---

[260] Pierre noire poreuse, renfermant des ammonites, qui se récolte dans le Gange, la Bhagîrati et la Gandaki.

Vâna ou *Bâna-linga*[261] symbolisant Çiva, une pierre métallique figurant Pârvati, une pierre rouge pour Ganéça et un morceau de cristal pour Sourya. Figurine ou caillou, chacun de ces Dieux tour à tour (en commençant naturellement par le Dieu principal de la secte à laquelle appartient l'adorateur), placé sur une sorte de patère percée de trous, reçoit une ablution ou bain d'eau consacrée (l'eau du Gange est la plus efficace), puis une offrande de parfums, de riz ou des mets préparés pour la famille, et finalement on leur fait une libation et une offrande communes.

Les autres Dieux, les héros, fils de Çiva ou incarnations de Vichnou, les génies reçoivent également un culte public, mais moins solennel, dans leurs temples ou bien dans ceux où leurs images accompagnent celle de Vichnou, de Çiva ou des Çaktîs de ce dernier, et un culte domestique dans les maisons où on les a choisis comme patrons tutélaires. L'un de ces dieux secondaires dont le culte est le plus répandu, est Hanoumân, le dieu-singe, fils du vent, compagnon d'armes de Râma dans son expédition contre les Râkchasas de Ceylan, que beaucoup de villages prennent pour divinité tutélaire. Certains animaux, les singes (peut-être en souvenir d'Hanoumân), les serpents, les vaches, etc., des arbres et des arbustes tels que le pipâl (*ficus religiosa*), l'açvatha (*ficus indica*), l'œgle marmelos, l'açoka, la tulâsi, le vilva, sont également l'objet-d'un culte assez fréquent soit pour eux-mêmes, soit comme symboles et remplaçants des divinités à qui ils sont spécialement consacrés. N'oublions pas, de plus, qu'au jour de sa fête

---

[261] Quartz blanc très dense et opaque.

patronale, chaque corps de métier ou profession rend un culte de vénération accompagné d'offrandes aux instruments dont il se sert : le savant adore ses livres, le scribe son encrier, le soldat ses armes, l'ouvrier ses outils, le tisserand son métier et sa navette, le laboureur sa charrue et les bœufs qui la mènent, la femme ses aiguilles, etc. En général, les femmes assistent aux cérémonies religieuses publiques et privées, mais sans y prendre aucune part active ; on leur concède cependant le droit d'adorer, si elles sont vichnouites, la tulâsi et l'açoka ; si elles sont çivaïtes, le vilva, arbustes qu'elles cultivent avec un soin dévot dans la cour intérieure ou le jardin de leur maison.

Actuellement, autant et peut-être plus encore que dans les anciens temps, les Hindous, ceux des basses classes principalement, redoutent d'une terreur superstitieuse les démons de toutes catégories, les vampires, les revenants, auxquels ils attribuent les maladies, les accidents, les calamités et en général tous les maux dont eux et leurs bestiaux peuvent être atteints ; mais cependant ils ne leur rendent point de culte à proprement parler. On ne rencontre dans l'Inde aucun temple ou sanctuaire dédié aux dénions ; mais seulement, parfois, en dehors des villages un tas de pierres ou de briques en forme de pyramide et peint de raies blanches érigé au pied d'un arbre. On n'adore pas les démons, on ne les prie pas, mais on leur adresse des incantations d'exorcisme accompagnées, en vue de les apaiser, d'offrandes de riz et de fruits et quelquefois du sacrifice d'une poule ou d'un bouc dont on répand le sang sur la pyramide. Quand quelque désastre ou épidémie désole la contrée ces offrandes sont accompagnées de danses avec gestes violents, de cris sauvages, de sonneries de cloches, de musique bruyante, destinés à mettre en fuite les persécuteurs redoutés. Ces sortes de cérémonies s'accomplissent toujours pendant la nuit et les étrangers en sont soigneusement tenus à l'écart.

Ainsi que nous l'avons vu dans le chapitre du Brâhmanisme proprement dit, la religion enserre l'Hindou dans une succession de douze cérémonies ou sacrements qui le suivent du moment de sa conception jusqu'à sa mort. Ces sacrements existent toujours, nominalement au moins, en vertu d'une tradition que l'on se plaît à tenir pour divinement intangible, mais il paraît qu'ils sont habituellement négligés pour la plupart, sauf dans les familles brâhmaniques, à l'exception de l'Initiation, du Mariage et des Çrâddhas funéraires. Ils sont du reste restés conformes au rituel codifié par Manou. Nous pouvons cependant relever quelques differences apportées dans leur observation par les modifications de la vie sociale.

Dans l'ancienne société brâhmanique, l'initiation des jeunes Indiens ne s'accomplissait généralement qu'entre huit et douze ans et immédiatement après l'initié [262] était confié à un précepteur religieux (*Gourou*) pendant au moins une douzaine d'années. Ses études terminées, il célébrait la cérémonie du « Retour à la maison » et se mariait aussitôt après. La coutume des mariages prématurés (usage contre lequel protestent actuellement presque tous les Indiens éclairés et qui d'ailleurs tend à disparaître) a changé tout cela. Dès qu'un jeune garçon

---

[262] Brahmacari.

a atteint l'age de quatre ou cinq ans, son père lui cherche une future femme parmi les familles de sa caste et de sa condition et aussitôt qu'il a trouvé la fillette de deux ou trois ans qui répond à ses vues, on célèbre les fiançailles (*vâg-dâna*) préliminaires indestructibles du mariage. Le jeune garçon reçoit l'initiation entre 6 et 10 ans ; aussitôt après on procède à un simulacre de la cérémonie du retour à la maison, immédiatement suivie de la consécration du mariage suivant les anciens rites traditionnels. Enfin, quand il a terminé ses études — réduites à cinq ou six ans, sauf en ce qui concerne les brâhmanes destinés au sacerdoce — et souvent même avant, a lieu la troisième phase du mariage, c'est-à-dire la consommation de l'union pour laquelle le sentiment d'aucun des deux époux n'a été consulté.

Quant aux cérémonies funéraires, elles sont restées à peu près identiques à ce qu'elles étaient autrefois, à cette seule différence près que la croyance superstitieuse en l'efficacité salvatrice des rivières sacrées fait considérer comme une cause certaine de salut et un bonheur inappréciable de mourir sur leurs bords et d'avoir leurs eaux pour sépulcre. Aussi n'est-il pas rare de voir les dévots suffisamment riches, apporter à grands frais, leurs parents moribonds sur les rives du Gange afin de pouvoir y précipiter leurs cendres ou même leurs cadavres. Ceux qui sont trop éloignés pour pouvoir accomplir le funèbre voyage, s'efforcent au moins de se procurer de l'eau du Gange pour arroser les cendres de leurs morts et leur assurer ainsi l'entrée des paradis de Vichnou ou de Çiva ou, tout au moins, une heureuse renaissance.

Le trait le plus caractéristique de la religion et du culte hindouistes est certainement la doctrine de la *Bhakti*, c'est-à-dire de la foi et de la dévotion intense et aveugle en un Dieu suprême, Vichnou ou Çiva, et la croyance que cette dévotion, plus puissante que les bonnes œuvres, les pénitences et les austérités, suffit à assurer le salut même du pécheur le plus endurci : les Pourânas et les Tantras citent de nombreux exemples de criminels sauvés de l'enfer pour avoir prononcé seulement au moment de leur mort, et même inconsciemment ou dans un blasphème, l'un des mille huit noms sacrés de Vichnou ou de Çiva.

Cette dévotion, bien que répandue clans les deux sectes des vichnouites et des çivaïtes, est surtout intense chez les vichnouites où elle paraît, du reste, avoir pris naissance. Elle a pris son complet développement vers le huitième siècle de notre ère avec l'illustre Çankarâtchârya [263] et la pléiade des philosophes religieux de son école, les véritables fondateurs de l'Hindouisme actuel ; mais elle est cependant beaucoup plus ancienne car on peut faire remonter son origine, ou plutôt son exposition à la Bhagavad-Gîtâ [264], où Krichna révélant sa nature divine et la doctrine de salut à Ardjouna, s'exprime en ces termes :

---

[263] Çankarâcârya.

[264] Célèbre épisode mystique intercalé dans le Mahâbhârata, vers le 1er ou le 2e siècle de notre ère.

« Les hommes qui suivent mes commandements avec foi, sans murmure, sont eux aussi, dégagés du lien des œuvres[265]. »

« Celui qui connait selon la vérité ma naissance et mon œuvre divine, quittant son corps ne retourne pas à une naissance nouvelle ; il vient à moi, Ardjouna.

« Dégagés du désir, de la crainte, de la passion, devenus mes dévots et mes croyants, beaucoup d'hommes, purifiés par les austérités de la science, se sont unis à ma substance.

« Car selon que les hommes s'inclinent devant moi, de même aussi je les honore[266].

« Mais pour ceux dans l'âme desquels la science a détruit l'ignorance, la science, comme un soleil, illumine en eux l'idée de cet Etre suprême.

« Pensant à lui, partageant son essence, séjournant en lui, tout entiers à lui, ils marchent par une route d'où l'on ne revient pas, délivrés par la science de leurs péchés.

« Ici-bas, ceux-là ont vaincu la nature, dont l'esprit se tient ferme dans l'identité ; car l'Identique dieu est sans péché ; c'est pourquoi ils demeurent fermes en Dieu.

---

[265] Eug. BURNOUF : La Bhagavad-Gîtâ, p. 51.

[266] *Ibid.*, p. 57.

« Un tel homme ne se réjouit pas d'un accident agréable, il ne s'attriste pas d'un accident fâcheux. La pensée ferme, inébranlable, songeant à Dieu, fixé en Dieu,

« Libre des contacts extérieurs, il trouve en lui-même sa félicité, et ainsi, celui que l'Union mystique unit à Dieu, jouit d'une béatitude inépuisable [267] ».

« Quand on a banni les affections nées des contacts, dirigé sa pensée et sa raison exclusivement vers la délivrance ; lorsque le désir, la crainte, la passion étant bannis, parvenu vraiment à la délivrance,

« On comprend que je perçois les sacrifices et les austérités, que je suis le grand Souverain des mondes et l'Ami de tous les vivants, alors on obtient la béatitude [268] ».

« Celui qui me voit partout et qui voit tout en moi ne peut plus me perdre ni être perdu pour moi.

« Celui qui adore mon essence résidant en tous les êtres vivants et qui demeure ferme dans le spectacle de l'Unité en quelque situation qu'il se trouve est toujours en moi [269] ».

---

[267] *Ibid.*, p. 75.

[268] *Ibid.*, p. 77.

[269] *Ibid.*, d. 87.

« La terre, l'eau, le feu, le vent, l'air, l'esprit, la raison et le moi, telle est ma nature divisée en huit éléments :

« C'est l'inférieure. Connais-en maintenant une autre qui est ma nature supérieure, principe de vie qui soutient les mondes.

« C'est dans mon sein que résident tous les êtres vivants ; comprends-le ; car la production et la dissolution de l'univers, c'est moi-même.

« Au-dessus de moi, il n'y a rien, à moi est suspendu l'univers comme une rangée de perles à un fil.

« Je suis dans les eaux la saveur, fils de Kountî ; je suis la lumière dans la lune et le soleil ; la louange dans tous les Védas ; le son dans l'air, la force masculine chez les hommes.

« Le parfum pur dans la terre ; dans le feu la splendeur, la vie dans tous les êtres ; la continence dans les ascètes.

« Sache, fils de Prithâ que je suis la semence inépuisable de tous les vivants ; la science des sages, le courage des vaillants.

« La vertu des forts exempte de passion et de désir ; je suis dans les êtres animés, l'attrait que la justice autorise.

« Je suis la source des propriétés qui naissent de la vérité, de la passion et de l'obscurité ; mais je ne suis pas en elles, elles sont en moi [270] ».

« Je suis le père de ce monde, sa mère, son, épouse, son aïeul. Je suis la doctrine, la purification, le mot mystique, le Rig, le Sâma et le Yadjour.

« Je suis la voie, le soutien, le Seigneur, le témoin, la demeure, le refuge, l'ami. Je suis la naissance et la destruction ; la halte ; le trésor ; la semence immortelle.

« C'est moi qui échauffe, qui retiens et laisse tomber la pluie. Je suis l'immortalité et la mort, l'être et le non-être, Ardjouna [271] ».

« Ainsi donc ce que tu fais, ce que tu manges, ce que tu sacrifies, ce que tu donnes, ce que tu t'infliges, ô fils de Kountî, fais m'en l'offrande [272] ».

« L'homme même le plus coupable, s'il vient à m'adorer et à tourner vers moi seul tout son culte, doit être cru bon ; car il a pris le bon parti.

« Bientôt il devient juste et marche vers l'éternel repos. Fils de Kountî, confesse le, celui qui m'adore ne périt pas [273] ».

---

[270] *Ibid.*, p. 95.

[271] *Ibid.*, p. 119.

[272] *Ibid.*, p. 121.

« Cette forme si difficile à apercevoir et que tu viens de contempler, les dieux mêmes désirent sans cesse la voir.

« Mais ni les Védas, ni les austérités, ni les largesses, ni les sacrifices ne peuvent me faire apparaître tel que tu m'as vu.

« C'est par une adoration exclusive, Ardjouna, que l'on peut me connaître sous cette forme, et me voir dans ma réalité et pénétrer en moi [274] ».

« Pense à moi ; sers-moi ; offre-moi le sacrifice et l'adoration : par là, tu viendras à moi ; ma promesse est véridique et tu m'es cher.

« Renonce à tout autre culte ; que je sois ton unique refuge ; je te délivrerai de tous les péchés ; ne pleure pas [275] ».

Telle est donc, sans doute, l'origine première, le point de départ de cette dévotion intense jusqu'à l'exagération qui aurait pu être un merveilleux instrument pour le développement et l'élévation de la religion ; mais qui, par son extravagance, n'a abouti qu'au fanatisme et au quiétisme le plus dangereux.

---

[273] *Ibid.*, p. 123.

[274] *Ibid.*, p. 157.

[275] *Ibid.*, p. 119.

Les Sectes

D'après tout ce que nous venons de dire, il est inutile d'insister, croyons-nous, sur l'erreur capitale que l'on commettrait en considérant le Brâhmanisme à n'importe quelle période de son développement, voir même une quelconque de ses phases, comme un tout comparable aux religions occidentales passées et présentes, avec un dogme, une doctrine et un culte nettement arrêtés, intangibles. Dans l'Inde, rien de semblable ; point de dogme universellement accepté, sauf celui de la métempsycose ou transmigration, plus philosophique que religieux, et celui des castes, institution essentiellement sociale, placée simplement sous la sanction et la protection de la religion. Si les Védas et les Brâhmanas ont constitué jadis et restent encore aujourd'hui la base nominalement fondamentale de la croyance religieuse, le vague des hymnes des premiers et les contradictions des légendes des seconds, n'ont pu donner une forme absolument précise ni à la mythologie, ni à la doctrine. Dès le début, nous l'avons vu, elles ont été livrées aux spéculations hardies des philosophes et interprétées au gré de leur raisonnement ou de leur imagination, et ont subi certainement l'influence des superstitions populaires et l'invasion des croyances des tribus indigènes anâryennes, bien que ces intrusions échappent à nos connaissances actuelles. De tout temps on a pu voir des sages, des ascètes exposer et prêcher des doctrines panthéistes, mystiques et même athées, sans pour cela être rejetés du sein de la communauté brâhmanique, s'entourer de disciples plus ou moins nombreux suivant leur talent ou leur réputation et créer des sectes, dont certaines tels le

Djainisme et le Boudhisme — sont devenues de véritables religions distinctes, tandis que d'autres végétaient péniblement ou même disparaissaient à la mort de leur fondateur ou de ses disciples immédiats. On ne doit donc pas s'étonner de voir l'Hindouisme s'éparpiller en d'innombrables sectes et sous-sectes séparées souvent par d'insignifiantes distinctions d'interprétation de doctrines ou de pratiques cultuelles.

En réalité, la société Hindoue actuelle se partage en trois grandes sectes ou groupes principaux dénommés Smartas, Vichnouites [276] et Çivaïtes [277], subdivisés chacun en plusieurs sous-sectes dont certaines n'ont plus rien de brâhrnanique que le nom. Les Smartas [278] représentent à strictement parler, la religion orthodoxe car ils suivent ou prétendent suivre scrupuleusement les Védas au point de vue de la doctrine aussi bien que du culte. Panthéistes, ils professent l'antique croyance brâhmanique à l'identité absolue de l'âme ou de l'esprit humain avec l'esprit suprême, Paramâtman ou Brahma, l'Ame universelle qui anime l'univers entier, entité abstraite infinie, éternelle, impersonnelle, invisible intangible que l'on ne peut comprendre et connaître que par la méditation parfaite qui met le dévot en communion intime avec cet Etre suprême, source et objet de toute science et de toutes aspirations. Néanmoins, ils admettent la trinité hindoue (*Trimourti*), mais en considérant les trois Dieux qui la composent et

---

[276] Vaisnava.

[277] Çaiva.

[278] De Smrti « tradition ».

la foule des divinités inférieures comme de simples manifestations de l'Esprit suprême sous des formes plus ou moins accessibles aux sens des hommes, et par là même plus à la portée des intelligences vulgaires, et comme devant se réabsorber dans cet Esprit au moment de la dissolution de l'univers.

Les Smartas, qui attribuent leur organisation actuelle à l'illustre Çankarâtchârya [279], se divisent eux-mêmes, selon le Véda à l'étude duquel ils se sont consacrés, en trois écoles dites des *Rig-Védis*, *Sâma-Védis* et *Yadjour-Védis* (ces derniers séparés en deux groupes, sectateurs du Yadjour blanc ou du Yadjour noir). Au point de vue des pratiques cultuelles, ils forment également trois groupes distincts ; les *Agnihotrîs*, sectateurs d'Agni, qui entretiennent les cinq feux sacrés ; les *Yadjñikas* qui célèbrent le Yadjña ou sacrifice d'holocauste suivant les préceptes rituels et liturgiques des Brâhmanas ; les *Vaidikas* voués à l'étude et à l'enseignement des Védas.

Les *Vichnouites*, surtout nombreux au Bengale et dans les provinces centrales de l'Inde, constituent sensiblement la majorité de la religion hindoue. Ainsi que leur nom l'indique, ils adressent leur culte principal au dieu Vichnou, non seulement en qualité de Soutien ou de Protecteur de l'Univers, mais comme véritablement identique à l'Ame universelle, tout en lui donnant une personnalité propre, et par là leur panthéisme se rapproche sensiblement du

---

[279] Çankarâcârya, le grand promoteur de l'Hindouisme et l'adversaire infatigable du Bouddhisme, vécut vers la fin du VIIe ou le commencement du VIIIe siècle de notre ère.

monothéisme. Ils l'adorent en lui-même et dans ses incarnations terrestres ou *avatars* [280], et il est à remarquer que ses incarnations en Râma et Krichna jouissent actuellement d'une dévotion et d'une adoration plus intenses et plus générales que lui-même, — sans doute parce que la nature humaine qu'ils ont un moment revêtu, les rapproche de leurs adorateurs, — et plusieurs des sous-sectes du groupe vichnouite paraissent avoir eu pour point de départ, la dévotion spéciale à l'une de ces incarnations.

Les Vichnouites suivent la doctrine du Védânta relative à l'identité et à l'unité [281] de nature de l'Ame universelle, des Dieux, de l'âme humaine et de l'esprit qui anime et pénètre tout l'univers, et par conséquent tiennent la béatitude ineffable du salut final comme étant l'absorption [282] dans l'Ame universelle, c'est-à-dire Vichnou ; mais cette conception trop haute ne paraît être le partage que d'une minorité d'esprits d'élite : pour la grande masse des fidèles, même les plus dévots, leur ambition ne va pas au delà de l'admission dans le paradis de Vaikountha que préside Vich non, ou celui de Goloka, résidence de Krichna, (séjours bienheureux où s'éteint l'obligation de renaître), et d'obtenir la béatitude éternelle de la présence [283] du Dieu auquel ils se sont consacrés, d'être près de sa personne [284] ou

---

[280] Voir p. 167.

[281] Advaita « non dualité ».

[282] Sâyujya.

[283] Sâtokya.

[284] Sâmipya.

enfin d'acquérir sa ressemblance [285], récompenses que l'on obtient par la dévotion (*bhakti*) plus sûrement que par les bonnes œuvres et autres actes méritoires. Ils s'accordent, du reste, tous, à quelque secte spéciale qu'ils appartiennent, dans l'adoration exclusive de Vichnou et de ses deux grandes incarnations terrestres Râma et Krichna. Tout le culte dépasse comme ferveur et généralité, celui même de Vichnou, et pour exiger, en vue de l'admission dans la secte une initiation spéciale où l'on révèle au néophyte la formule mystique d'adoration à Krichna ou à Râma, cérémonie à laquelle les enfants sont admis à partir de l'âge de six ou sept ans, et qui est suivie vers douze ou treize ans du sacrement dit de consécration qui remplace même parfois l'initiation brâhmanique pour les membres des castes inférieures.

Sans exception, les Vichnouites se distinguent des affiliés aux autres sectes par une marque frontale, ou stimagte sectaire [286], composée de deux traits verticaux réunis par en bas, entre les sourcils, par un trait horizontal et affectant à peu près la forme d'un V, tracée avec de la couleur rouge, jaune ou blanche. En plus de cette marque, ils impriment avec de la poudre de santal rouge sur leur poitrine et leurs bras, la figure du ou des pieds sacrés de Vichnou, de la conque ou du disque, attributs caractéristiques de ce Dieu et de ses avatars. Certains dévots s'impriment ces marques d'une manière indélébile au moyen d'une matrice rougie au

---

[285] Sârûpya.

[286] Urdhva-pu*n*dra.

feu ; mais cet usage est généralement condamné, surtout chez les brâhmanes, comme attentatoire au respect dû au corps d'un dvidja.

Les sous-sectes vichnouites sont trop nombreuses et la plupart du temps séparées par des divergences de doctrine trop insignifiantes pour qu'il soit possible et utile de les énumérer toutes ici : nous nous contenterons donc de signaler les plus importantes, soit par leurs doctrines ou pratiques particulières, soit par le nombre de leurs adhérents [287].

La plus ancienne et aussi la plus nombreuse est la secte dite *Râmânoudja* du nom de son fondateur, le brâhmane Râmânoudjàtchârya [288] qui vécut, tuton, vers le douzième siècle à Stri-Parambattur, petite ville du voisinage de Madras. Voici quelles sont ses principales doctrines :

L'univers renferme trois principes — Içvara [289] ou Etre suprême, l'âme ou *tchit* [290], et ce qui n'a pas d'âme, *atchit* [291] — possédant chacun une existence éternelle distincte. L'Etre suprême est Vichnou ; les âmes individuelles sont tchit ; le monde matériel est atchit.

---

[287] H.-H. Wilson : *Religious Sects of the Hindus*.

[288] Râmânujâcârya.

[289] Le Seigneur.

[290] Çit.

[291] Açit.

Les âmes individuelles sont dans la dépendance de l'âme divine et doivent s'efforcer de parvenir à l'union consciente complète avec l'Etre suprême.

L'univers subit de grandes destructions périodiques au cours desquelles les âmes individuelles sont réabsorbées dans l'Etre suprême en conservant cependant leur conscience et leur individualité.

L'Etre suprême se manifeste dans le monde et se présente à l'adoration de ses fidèles de cinq manières différentes : dans ses images ou idoles, dans des incarnations divines, dans des manifestations complètes sous forme humaine, dans l'esprit répandu partout, dans l'esprit interne qui dirige l'âme humaine, chacune de ces manières correspondant au degré d'intelligence du fidèle adorateur.

Dans l'ordre d'importance vient ensuite la secte *Mâdhva*, fondée au treizième siècle par Madhva, surtout répandue dans l'Inde méridionale. Assez semblable en beaucoup de points à celle des Râmânoudjas, sa doctrine en diffère cependant par l'affirmation du dualisme. Suivant elle, il n'existe que deux principes éternels distincts, un Dieu unique, Vichnou, et des âmes placées à l'égard de l'Être suprême, dans la condition de serviteur à maître ; quant au monde matériel, ses éléments existent de toute éternité dans l'Etre suprême qui les façonne et les dispose à sa guise lorsqu'il veut créer l'univers. Trois actes constituent le culte de ce Dieu : donner aux enfants l'un de ses mille-huit noms ; l'adorer par la parole en récitant ses louanges et les hymnes des Védas, par le corps en secourant et protégeant les malheureux, dans le cœur par la pitié, l'amour et la foi ; enfin imprimer au fer rouge sur le bras droit, le disque et sur le gauche la conque afin d'affirmer par cette marque indélibile, la consécration du fidèle.

Une autre secte très répandue dans la présidence de Bombay, le Gouzerat et l'Inde centrale est celle des *Vallabhas* fondée à la fin du quinzième siècle, par Mahâprabhou Vallabhâtchârya, qui enseigne que les âmes sont des particules, semblables à des étincelles, de l'Ame suprême, par conséquent identiques de nature et d'essence quoique momentanément séparées d'elle. Les membres de cette secte sont souvent nommes *Gosains*, corruption du sanscrit *Gos vami* « Seigneur des vaches » épithète de Krichna adopté par eux comme représentation de l'Etre suprême. Toutefois, chez eux, la dévotion à ce Dieu a peu à peu revêtu un caractère matériel et sensuel et a dégénéré en pratiques licencieuses, excusées par certaines légendes érotiques du mythe de Krichna. Leurs excès en sont même venus à tel point que la justice anglaise dut y mettre un frein en 1862. Les Hindous eux-mêmes n'avaient pas attendu jusque-là pour protester contre cette immoralité : dès 1780, un membre de la secte, Svâmi-Nârâyana, ne craignit pas de dénoncer hautement ces erreurs et ces vices, et vers l'an 1800 institua une sous-secte réformée qui porte son nom.

De bonne heure aussi l'immoralité régnant dans le culte de Krichna, l'abus des sacrifices sanglants et l'idolâtrie avaient suscité le dégoût d'indiens éclairés, et vers le commencement du seizième siècle, ces sentiments trouvèrent leur interprète en la personne de Kabir, le fondateur de la secte réformée des *Kabir-*

Panthis, dont la doctrine, fortement imprégnée, à ce qu'il semble, d'idées musulmanes, préconise le culte d'un Dieu unique, Vichnou (qui peut cependant être représenté par ses incarnations Râma et Krichna), interdit l'idolâtrie et les sacrifices d'animaux, et impose à ses adhérents une stricte moralité de vie.

Ainsi que leur nom l'indique, les *Çaivas* ou *Çivaïtes* adorent Çiva à la fois comme Etre suprême unique, éternel, existant par lui-même, mais personnel, et comme Dieu personnel quelque peu materialisé de la destruction et de la régénération, bien que dans ces dernières fonctions il n'agisse que par l'intermédiaire de ses Çaktîs [292], de ses fils et de ses émanations qui, du reste, partagent avec lui leur culte lorsqu'ils ne l'éclipsent pas dans la dévotion de la masse du vulgaire. Le plus souvent Çiva luimême est adoré sous la forme matérielle du Linga, symbole de ses attributions génératrices. Les Çivaïtes, tout en identifiant Çiva avec l'Ame universelle, professent la doctrine de la dualité (*dvaita*), c'est-à-dire de la nature distincte de l'essence divine de Çiva et des âmes. Par suite, pour eux le salut ou délivrance finale ne consiste pas en l'absorption dans cette essence, mais dans une union consciente, et sans destruction de la personnalité, avec Çiva dans son paradis de Kailâsa. Tous les Dieux, y compris Brahmâ et Vichnou lui-même, ne sont que des manifestations ou des formes sensibles (*mourti*) créées par Çiva afin de se mettre à la portée de tous les degrés d'intelligence, et c'est lui qui reçoit en réalité le culte qu'on leur rend. « Quel que soit le dieu qu'un homme adore avec foi et

---

[292] Voir p. 181.

amour, dit le Siva Gnâna Siddhiar [293], Çiva reçoit son culte, exauce ses demandes et se révèle sous cette forme dans le cœur de cet adorateur. »

La marque sectaire qui distingue les Çivaïtes d'une façon générale consiste en trois traits horizontaux de couleur blanche dessinés sur le front, la poitrine et les bras, auxquels certaines sectes particulières ajoutent l'impression au fer rouge de l'un des attributs de Çiva : linga, trident, ou tambour (*damaru*). Bien que le culte rendu à Çiva soit sensiblement le même pour tous ses fidèles, qui l'adorent par des sacrifices sanglants, par des mortifications et des pratiques de tortures corporelles cruelles et volontaires dont les *Sannyasis* donnent journellement des exemples bien connus par les récits des voyageurs, les Çivaïtes se divisent en plusieurs sectes différenciées par l'adoption spéciale de l'une des nombreuses formes de ce Dieu, et par les stigmates sectaires qu'ils impriment sur leurs membres. Le nombre de ces sectes est d'ailleurs beaucoup moindre que de celles des Vichnouites. Au neuvième siècle de notre ère Çankarâtchârya en comptait six, qu'il désigne par les noms de Çaivas, Raudras, Ougras, Bhattas, Jangamas et Pâçoupatas ; la plupart d'entre elles n'existent plus aujourd'hui en taut que communautés organisées et se sont fondues dans les trois sectes des *Lingavat* ou *Lingaites*, des *Jangamas* et des *Pâçoupatas*.

Les *Lingavats* portent, pour se distinguer, l'image du linga sur leur front et un petit linga de pierre ou de

---

[293] Livre tamoul composé, dit-on, par Arunandi Çivâcârya, vers le IXe siècle de notre ère.

métal suspendu à leur cou par un cordon. Ils adorent Çiva sous la forme du linga par des onctions de parfums, des libations d'eau du Gange, des offrandes de feuilles de vilva et par des sacrifices d'animaux, principalement de moutons et de boucs. Ils sont généralement méprisés comme hérétiques par les autres Hindous, à cause de leur répudiation des distinctions de castes, de leur négation de l'autorité des Védas et des brâhmanes, de leur négligence des sacrifices brâhmaniques et de leur coutume d'enterrer les morts au lieu de les brûler.

La secte des *Jangamas* vénère surtout en Çiva le terrible ascète type, modèle et patron des Sannyasis, à la chevelure nattée (*djata*) en désordre, le corps émacié par les mortifications, couvert de cendres, vêtu d'une peau d'éléphant, de daim noir ou de tigre, paré d'un collier et d'une ceinture de crânes humains, et de serpents enlacés autour de ses bras en guise de bracelets. Leur stigmate sectaire est le trident (*triçûla*) et ils portent d'ordinaire un linga de pierre suspendu à leur cou. Actuellement, cette secte ne paraît plus avoir qu'un petit nombre d'adhérents.

Beaucoup plus nombreux que les membres des autres sectes, principalement dans l'Inde du Sud, sont les *Pâçoupatas*[294] qui impriment le linga sur leur front, leurs bras, leur poitrine et leur ventre ; mais ils sont partagés en deux groupes ou sous-sectes, séparés seulement, du reste, par une conception plus philosophique que religieuse de la nature et de la

---

[294] Pâçupata.

formation de l'univers. Les premiers — qui devraient rationnellement s'appeler *Paçapaçoupatas* considèrent l'univers comme composé de trois principes, ou entités, éternels et distincts, mais dont les deux derniers sont dépendants du premier : *Pati* « le Seigneur » (Içvara, Çiva) ou *Pâçoupati* « le maître du troupeau » ; *Paçou* « les âmes ou les êtres » (littéralement « bétail, troupeau ») ; *Pâça* « corde, entrave, lien », la matière qui lie et retient l'âme dans le monde matériel comme une corde attache un animal [295]. Les autres — confondant en un même tout les âmes et la matière, ou considérant cette dernière comme un pur mirage illusoire produit par la *Mâyâ* (puissance magique) d'Içvara — n'admettent que deux entités, Pati et Paçou. Les uns comme les autres adorent Çiva dans les différentes formes sous lesquelles il se manifeste et prétendent parvenir à s'unir mystiquement avec lui, non seulement par la dévotion, la foi, les mortifications et la méditation, mais même par des chants et des danses accompagnées de gestes frénétiques devant produire par réaction un état d'extase.

En plus de ces sectes, pour ainsi dire orthodoxes, nous devons signaler encore les *Sauras*, adorateurs du soleil ; les *Ganapatyas* qui font de Ganéça le représentant de l'être suprême et dont les pratiques religieuses, ainsi que nous l'avons vu [296], sont surtout répandues dans les campagnes ; les *Lokayatas*, matérialistes et athées qui nient l'existence des dieux, des paradis et des enfers, ou

---

[295] E. S. W. Sénathi-Râja : *Quelques remarques sur la secte Çivaïte chez les Indous de l'Inde du Sud.*

[296] Voir p. 180.

du moins qui les assimilent aux joies et aux maux terrestres, et ne reconnaissent point d'autre divinité que la femme ; et enfin les *Çâktas*, peut-être plus nombreux qu'on ne se le figure, étant donné le soin qu'ils mettent à cacher leur affiliation à cette secte, à bon droit fort décriée.

Ainsi que leur nom l'indique, les *Çâktas* adorent spécialement la Çaktî (épouse et énergie active) du Dieu suprême. Ils appartiennent également au Vichnouisme et au Çivaïsme, mais de préférence au Çivaïsme, et se divisent en deux branches, les *Dakchina-mârgis* « adorateurs de la main droite » et les *Vâma-mârgis* « adorateurs de la main gauche ». Bien qu'ils aient une préférence marquée pour la divinité féminine, les Dakchina-mârgis adorent aussi Vichnou et Çiva, mais exclusivement sous leur forme androgyne. Ils prétendent régler leurs croyances, leurs pratiques et leur culte sur les Pourânas et observent une décence convenable dans leurs cérémonies sans rites mystiques ni mystères. Les Vâma-mârgis, au contraire, adorent exclusivement les Çaktîs de Çiva sous les formes de Pârvatî, Kâli ou Dourgâ, celle de Vichnou en la personne de Râdhâ, la maîtresse préférée de Krichna. Ils empruntent aux Tantras les rites et les pratiques de leur culte, et dans leurs cérémonies secrètes et nocturnes, rigoureusement interdites aux profanes, ils adorent la déesse de leur choix en la personne d'une femme nue, avec des rites orgiaques indescriptibles, dans lesquels ils violent les prescriptions les plus respectées du brâhmanisme, entre autres la prohibition de s'énivrer ou même de boire des liqueurs alcooliques et celle de manger la chair des animaux et des poissons. Ils ont eux-mêmes tellement conscience de l'immoralité et de l'infamie de leurs pratiques, qu'ils se cachent soigneusement pour les accomplir et qu'aucun d'eux n'oserait avouer publiquement qu'il fait partie de la secte. Ces sortes de cérémonies sont accompagnées des rites magiques enseignés par les Tantras comme exerçant une influence toute puissante sur la volonté des Dieux et l'ordre des éléments, incantations, formules (*mantras* et *bijas*), cercles magiques (*tchakra* et *mandala*), gestes mystiques (*moudrâ*), de tout temps employés par la sorcellerie indienne [297].

A ces sectes principales, toutes plus ou moins rattachées à l'Hindouisme, il convient d'en ajouter une autre encore qui s'en est plus nettement séparée et constituée en religion indépendante, celle des Sikhs [298] fondée à la fin du quinzième siècle par Nânak (1469-1538), auteur du livre sacré de la secte, l'*Adi-Grantha* ou « Livre par excellence ». Selon la tradition de ses fidèles, Nânak naquit d'une famille brâhmanique dans un petit village des environs de Lahore. Au moment de sa naissance, tous les dieux Hindous manifestèrent leur présence dans le ciel en proclamant la venue d'un sauveur du monde. Dès sa plus tendre enfance, il fit preuve d'une précocité d'intelligence et de savoir miraculeuse par sa parfaite connaissance des écritures sacrées à l'âge où les autres enfants commencent à peine à les étudier, et, à l'imitation des anciens sages, passa sa jeunesse à errer de temple en temple, dans toute l'Inde (on prétend même qu'il alla jusqu'à la

---

[297] Voir, V. Henry : *La Magie dans l'Inde ancienne.*

[298] Du Sanscrit Çisya « disciple ».

Mecque) cherchant l'explication des mystères de la religion et la solution des problèmes sociaux de son temps, voyages pendant lesquels il acquit une connaissance parfaite de l'islamisme et put se pénétrer des vices de l'indouisme. Enfin, un jour, dit-on, il fut ravi personnellement au ciel en la présence de Vichnou lui-même de qui il reçut mission de rénover son culte sur la terre sous le nom de Hari. En réalité Nânak, qui se proclamait disciple de Kabir, ne paraît pas avoir eu jamais l'intention d'instituer une religion nouvelle, mais simplement de prêcher, à l'exemple de beaucoup de ses devanciers, une réforme philosophique de l'Hindouisme en le dégageant de ses superstitions, de ses sacrifices sanglants, de son polythéisme, de son idolâtrie et du fléau des castes, et pour bien marquer son rôle d'instituteur religieux, ne se donna jamais que le titre de *Gourou* « maître », adopté également par ses successeurs à la tête de la secte. On a souvent soupçonné Nânak d'avoir été Musulman ; il a certainement connu les doctrines de l'islamisme et a puisé en elles son aversion de l'idolâtrie, ses idées monothéistes et son rejet de l'autorité des brâhmanes, mais à part ces trois points il et toujours resté foncièrement Hindou. Même son monothéisme confine encore avec le panthéisme brâhmanique dans sa conception de l'Etre suprême auquel il donne indifféremment les noms de Hari, Paramêçvara [299], Brahma et même Govinda [300], ainsi que de la création de l'univers émané de l'essence de Paramêçvara dont il ne paraît distinct que par une

---

[299] Seigneur suprême.

[300] L'une des épithètes de Krichna.

illusion créée par sa Mâyâ, et dans sa doctrine toute védântine du salut obtenu seulement par la dévotion à Hari et la répétition incessante de ses noms sacrés, enseignés par le maître spirituel ou Gourou. A la sévérité près, sa morale, elle aussi, ne diffère en rien de celle prêchée dans tous les temps par les autres grands sages de l'Inde. Sa doctrine parait toutefois caractérisée par un effort en vue d'amener un rapprochement entre l'Hindouisme et le Mahométisme.

Sous les huit premiers successeurs de Nânak, la religion des Sikhs a conservé fidèlement le caractère d'une secte purement philosophico-religieuse ; mais le neuvième de ces pontifes, Govind-Sinh, pour répondre aux persécutions de l'empereur Aurengzeb, transforma sa secte en une communauté guerrière dont l'existence tout entière fut consacrée jusqu'à nos jours, à combattre sans trêve ni merci les Mahométans et qui, à l'exemple de ses persécuteurs, s'efforça de propager sa croyance par le fer et par le feu. On sait que les Sikhs constituent aujourd'hui l'élite de l'armée anglaise dans l'Inde.

LES CASTES

S'il est permis de se demander si les castes, à part probablement celles des brâhmanes, ont jamais eu dans l'Inde ancienne, le caractère rigoureusement fermé que leur attribuent Manou et les autres auteurs de Dharma-Çâstras, il est incontestable qu'elles ont joué et jouent encore un rôle capital dans la société indienne moderne [301]. Mais il faut reconnaître aussi qu'elles ont subi des modifications profondes et ne ressemblent plus guère, en dépit de leur exclusivisme, à celles de l'ancien temps, autant du moins que nous pouvons nous les imaginer d'après les prescriptions, certainement exagérées, des livres sacrés et surtout des Dharma-Çâstras qui paraissent proposer, à ce point de vue comme à bien d'autres, un idéal théologique dont l'application à la vie courante doit avoir été de tout temps à peu près impossible sans de larges et fréquentes concessions aux nécessités de l'existence sociale. Telle qu'elle est aujourd'hui encore, la caste constitue la base intangible, en dépit de ses méfaits, de la société hindoue, qu'elle éparpille en fractions hostiles les unes aux autres, le plus grand obstacle à ses progrès. On peut croire ou ne pas croire aux dogmes, être dévot ou athée, observer ou mépriser les cérémonies et pratiques du culte ; mais on reste malgré tout dans le giron de l'Hindouisme tant qu'on respecte les préjugés de caste. Perdre sa caste est le plus terrible malheur qui puisse frapper un Hindou ; c'est la mort civile absolue, l'interdiction d'hériter, de posséder, de tester, d'adopter ; c'est une excommunication aussi formidable dans ses effets que celle que l'Europe a connue au Moyen Age ; l'infortuné qui en est atteint, ne peut non seulement plus pénétrer dans un temple ou assister à un sacrifice funéraire, sa présence est une souillure pour quiconque l'approche ; nul ne peut lui parler, lui donner, quelle que soit sa détresse, ni nourriture ni eau ; sa femme et ses enfants eux-mêmes l'abandonnent sous peine de partager la réprobation répandue sur sa

---

[301] Voir, E. Sénart : *Les Castes dans l'Inde*.

personne ; une expiation longue et sévère peut seule le faire absoudre et rétablir dans ses droits religieux et sociaux.

Les castes anciennes n'existent plus de nos jours, sauf celle des brâhmanes, ou plus exactement ne sont plus qu'une désignation nominale. Certes il y a de nombreuses familles qui se targuent encore d'appartenir aux castes kchatrîya ou vaiçya, et s'énorgueillisent du titre de Dvidja ; mais, de l'aveu des Hindous eux-mêmes, les nécessités de l'existence et les alliances avec des classes inférieures, réprouvées par la loi religieuse et tolérées par force par la société, ont amené dans leur sang une telle confusion que ce ne sont plus, à proprement parler, des représentants de ces deux hautes castes, subdivisées d'ailleurs en innombrables sous-castes qui se méprisent ou se jalousent mutuellement et considèrent comme une souillure toute relation ou alliance de l'une à l'autre. Quant à leur titre de Dvidja, le seul privilège qu'ils en aient gardé est le droit à l'initiation brâhmanique et au port du cordon sacré de chanvre ou de laine, que beaucoup du reste négligent de porter dès qu'ils sont sortis de l'adolescence.

Malgré leur prétention à la préservation parfaite de la pureté de leur race et au respect religieux dont même les plus indignes sont entourés, on peut en dire autant des brâhmanes eux-mêmes. Eux aussi se divisent en nombreuses castes qui affectent de n'avoir aucune alliance non seulement d'une province à l'autre, mais encore dans la même province ou dans la même localité. Naturellement, l'exemple donné par les classes supérieures a été suivi par les Çoudras ; puis par tous les rejetés, les hors-castes, qui, eux aussi, se sont groupés en castes et sous-castes rigoureusement fermées, et enfin par les populations de races anâriennes, à mesure qu'elles parvenaient à s'introduire dans les rangs de l'Hindouisme peut-être même par ambition de s'y faire admettre, quelque inférieure que fût la place qui leur était accordée.

Qu'est-ce donc que la caste telle qu'on la voit fonctionner actuellement dans l'Inde ?

A première vue, et même d'après les noms de ses fractions, il semble que la caste ait pour base la profession. Peut-être en a-t-il été ainsi dans le principe ; peut-être ce point de départ est-il encore en partie vrai pour les brâhmanes séparés en castes distinctes selon qu'ils se vouent au sacerdoce, ou à d'autres professions ; mais à coup sûr il ne répond pas à l'organisation actuelle des autres castes, car, d'un côté, une même profession peut constituer plusieurs castes (on en compte, par exemple, trente parmi les cultivateurs et dix parmi les scribes), et de l'autre, les membres d'une même caste exercent fréquemment des professions et des métiers différents. La caste paraît être plutôt un groupement, naturellement héréditaire, d'individus réunis par des usages et des préjugés communs, tantôt religieux, tantôt purement sociaux, qui a pour caractéristique principale l'interdiction pour ses membres de contracter mariage et de prendre ses repas avec ceux d'un autre groupement, à son tour tout aussi exclusif sur ces points. Chacun de ces groupements possède un chef et un conseil (*Pantchayet*) chargés de prononcer en cas de contestations entre ses membres et exerçant une juridiction reconnue par la coutume compétente pour prononcer certaines peines, entre autres l'exclusion temporaire ou définitive d'un délinquant ou d'un criminel, et ayant également le pouvoir de décider la réintégration le cas échéant.

Renoncer ouvertement à la caste équivaut à sortir de la société hindoue, aussi les réformateurs les plus audacieux ont-ils toujours reculé à l'attaquer d'une façon trop directe. Cependant, ainsi que nous l'avons vu, certaines sectes religieuses, sans en prescrire formellement l'abandon, professent de n'en tenir compte et admettent sans distinction de rang ou de castes tous les adhérents de bonne volonté. On sait aussi qu'au pèlerinage solennel de Djaggannâtha les pèlerins de toutes castes sont confondus dans une même promiscuité et doivent prendre en commun le repas préparé par les prêtres du temple. Il est vrai qu'à la porte du sanctuaire, chacun s'empresse de reprendre son rang et ses préjugés [302].

---

[302] (1) Voir E. Senart : *Les Castes dans l'Inde*.

IV. BRÂHMA-SAMÂDJ

Ce résumé, déjà trop succinct, du Brâhmanisme, serait incomplet si nous ne disions au moins quelques mots de la réforme qui, depuis près d'un siècle, tend à s'opérer dans la religion et la société hindoues, suivant des tendances et avec des formes diverses comprises habituellement sous le nom collectif de *Brâhma-Samâdj*[303].

Il n'avait pas été besoin d'attendre jusqu'à nos jours pour que des penseurs indiens découvrissent les contradictions, les erreurs et les vices du Brâhmanisme, et nombreux sont les réformateurs qui ont surgi de la terre de l'Inde proposant, chacun suivant son tempérament, ses vues personnelles et l'état d'esprit de son temps, les moyens qui lui paraissaient propres à épurer la morale publique, à dégager la religion de ses monstruosités mythologiques et rituelles et à la ramener à un idéal de pureté et de simplicité grandioses quils croyaient entrevoir soit dans les hymnes enthousiastes du *Rig-Véda*, soit dans les spéculations hardies des vieilles Oupanichads. Longtemps avant notre ère, c'est au nom de la morale et de la raison que Mahâvira et Gautama élevaient contre l'autorité des brâhmanes, la cruauté des sacrifices d'animaux, l'abus des mortifications corporelles et l'injustice des castes, et instituaient les religions plus pures du Djaïnisme et du

---

[303] On emploie de préférence le terme bengali de *Bramo-samaj*.

Boudhisme. Plus près de nous, nous voyons la pléiade des Râmanoudja, Râmânanda, Tchaitanya, Nârâyana-Svâmj, Kabir, Nânak et tant d'autres, combattre de toutes leurs forces sans grand succès d'ailleurs, les superstitions, les pratiques immorales, le polythéisme, l'idolâtrie et s'efforcer, inconsciemment peut-être, à transformer le panthéisme hindou en monothéisme.

Mais c'est à notre époque qu'il appartenait de s'élever plus haut et d'étendre les réformes, jusque-là, purement d'ordre religieux et philosophique, à la constitution même de la société, en détruisant les abus et en améliorant la condition morale, intellectuelle et physique de la population. Il est certain que le contact des Européens, l'expérience de leurs institutions, l'infiltration si superficielle qu'elle ait pu être, de leurs idées dans les hautes classes en rapports fréquents avec eux, l'ambition de s'élever à leur niveau, surtout la fondation d'écoles, de collèges et d'universités où de jeunes Hindous reçurent l'instruction de maîtres européens, ont été pour beaucoup dans l'extension de ce mouvement de réforme que le gouvernement de l'Inde a du reste encouragé de tout son pouvoir.

L'honneur du premier pas dans cette voie revient à l'illustre Râm-Mohun Roy (1774-1833). Né à Râdhânagar, dans le district de Murshidâbâd, d'une grande famille de brâhmanes, il fut élevé dans le Vichnouisme orthodoxe le plus fervent, ce qui ne l'empêcha de se révolter dès son jeune âge, contre les superstitions et les pratiques cultuelles de ses coreligionnaires. A seize ans, il publiait un opuscule contre l'idolâtrie qui souleva un grand scandale parmi ses proches et l'obligea à quitter pour un temps la naison paternelle, temps d'exil qu'il mit à profit pour aller étudier la littérature persane et arabe à Pâtna, le brâhmanisme savant à Bénarès, et le boudhisme au Tibet. On dit même qu'il apprit le grec, le latin et l'hébreu afin de pouvoir lire tous les livres sacrés des autres religions dans leur langue originale.

La mort de son père, survenue en 1803, l'affranchit des ménagements qu'il avait dû garder jusqu'alors et il devint de plus en plus hardi dans ses controverses, tout en évitant soigneusement toute démarche susceptible de lui faire perdre sa caste, ce qui non seulement l'eut privé de la grande fortune qui devait être l'une de ses armes les plus puissantes, mais encore lui eut enlevé toute considération et autorité auprès de ses compatriotes. Il eut cependant le courage d'accepter des fonctions du gouvernement et remplit pendant plusieurs années, la charge de Devân ou conseiller des juges et des collecteurs d'impôts des trois districts de Rangpour, Bhâgalpour et Râmgard, fonction dans laquelle il sut rendre de signalés services à son pays. A ce moment, il fit paraître un nouveau livre sur « l'Idolâtrie de toutes les religions » et bientôt après entreprit une campagne vigoureuse contre l'immolation des veuves, qui aboutit, en 1829, à l'interdiction des *Satîs*, par un bill du Parlement anglais.

Pénétré du désir de ramener ses coreligionnaires à la doctrine pure des Védas, il avait fondé, à Calcutta, en 1816, l'*Atmiya-Sabhâ* ou « société spirituelle » pour la discussion des questions de philosophie et de religion. L'admission d'Européens à ces réunions, et la publication eu 1820, de son livre des « Préceptes de Jésus », firent accuser Râm-Mohun-Roy, de s'être converti au christianisme, accusation toute gratuite, car il resta toujours foncièrement Hindou et n'eut d'autre objectif qu'une tentative de réconciliation entre les religions. Les relations amicales qu'il avait liées en 1828, avec le missionnaire anglican W. Adam, lui suggérèrent l'idée d'organiser, sur le plan des services protestants, des assemblées hebdomadaires consacrées à la lecture de textes védiques, accompagnée de sermons et de chants d'hymnes, auxquels les femmes étaient admises ; ce qui l'amena, en 1830, à fonder sous le nom de *Brahma-Sabhâ* ou *Brahmîya-Samâdj* la première église hindoue réformée, dans un édifice construit et entretenu à ses frais, « où hindous, chrétiens et mahométans pussent venir prier ensemble ». C'est sur ces entrefaites que l'empereur de Delhy lui conféra le titre de Râdja ou prince et l'envoya comme ambassadeur en Angleterre pour défendre ses droits devant le Parlement, voyage au cours duquel Râm-Mohun-Roy mourut à Bristol, en 1833.

Mais son œuvre ne périt pas avec lui. Après avoir végété quelque temps sous les deux successeurs de Râm-Mahun-Roy, Dvârkanâtha Tagore et Râmatchandra Vidyâbâgish, le Brâhma-Samâdj prit un nouvel essor après la fusion avec lui de la *Tattrabodhinî-sabhâ* « société pour l'enseignement de la vérité », que Dévendranâtha Tagore, fils du précédent, avait fondée avec quelques jeunes Hindous. Il prit alors le nom d'*Adi-Brâhma-Samâdj* et enfin en 1844, celui de Brâhma-Samâdj de Calcutta pour le distinguer de quelques autres Brâhma-Samâdj institués dans d'autres localités. Le programme de cette religion peut se résumer en « adoration d'un Dieu unique par un culte d'amour et de bonnes œuvres ». Elle progressa si rapidement qu'en

1847, elle comptait 777 églises clans les différentes parties de l'Inde. Cependant, des divergences de vue s'étant produites entre les membres de cette Église, Dévendranâtha Tagara s'en sépara en 1850 et se mit à la tête d'une nouvelle communauté qui se dénomma *Brahma-Dharma* « religion de Brahma ». Védântiste avec des tendances panthéistes, elle prétendait appuyer ses doctrines sur les Védas, les Brâhmanas et les Oupanichads et proclamait que son but était non de détruire, mais de purifier l'ancienne religion et les mœurs, de corriger les vices et les abus de la société, tout en tenant compte du caractère et du tempérament du peuple.

Sur ces entrefaites, le Brâhma-Samâdj reçut une mpulsion nouvelle par l'accession dans ses rangs, d'un jeune homme enthousiaste et plein d'idées généreuses, Kehab Chander Sen (1838-1884) qui, pendant quelques années, joua un si grand rôle dans la société indienne par l'énergie et le dévouement avec lesquels il poursuivit les deux réformes dont il s'était fait le champion : l'interdiction des mariages d'enfants et le droit pour les veuves de se remarier. Toutefois, son caractère entier et autoritaire à outrance lui créa bientôt de telles difficultés avec les autres chefs de la communauté qu'il s'en sépara en 1866, pour fonder une nouvelle Église dite de la « Nouvelle Dispensation ». L'histoire de cette Église tient tout entière dans celle de Chander Sen lui-même ; elle ne prospéra guère et ne survécut qu'avec peine à la mort de son fondateur, qui de son vivant, s'était aliéné les amitiés les plus fidèles par son autoritarisme, ses tendances vers le christianisme protestant et par la contradiction où il se mit avec ses propres doctrines, en mariant sa fille, âgée seulement de quatorze ans, au

Mahârâdja de Koutch Bihâr qui n'avait lui-même que seize ans.

Étant donné l'état des esprits dans l'Inde, une reaction était inévitable contre les tendances chrétiennes de Chander Sen et de plusieurs des Brâhma-Smâdjs indépendants. Elle trouva son interprète dans le brâhmane Dayânanda Sarasvati qui fonda en 1870, sous le nom d'*Arya-Samâdj*, une société religieuse en vue de ramener la religion et le culte à la simplicité védique primitive. L'Arya-Samâdj se déclare adversaire de l'idolâtrie, du polythéisme et du panthéisme, n'admet l'existence et l'adoration que d'un seul Dieu unique, mais admet le dogme de la métempsycose. C'est une sorte de brâhmanisme philosophique basé sur les quatre Védas à l'exclusion des Brâhmanas et des Pourânas. Il a inscrit dans son programme, l'interdiction des mariages d'enfants, l'amélioration de la condition des femmes et l'instruction du peuple ; œuvre à laquelle Dayânanda Sarasvatî a consacré par testament sa fortune entière.

Actuellement, le mouvement de réforme provoqué par le Brâhma-Samâdj se répand de plus en plus dans l'Inde, où presque chaque année voit éclore quelqu'une de ces églises. A l'heure présente, deux courants les sollicitent : l'un purement hindou suivant la voie tracée par Tagore et Sarasvatî, l'autre fortement entraîné vers le christianisme et ouvertement encouragé par le gouvernement et les sociétés de missions anglo-indiennes. A l'avenir de décider lequel l'emportera.

INDEX BIBLIOGRAPHIQUE

A. Langlois : *Le Rig-Véda* ; Paris, 1872.

A. Ludwig : *Der Rig-Veda, oder die heiligen Schriften der Brâhmanen* ; Prague, 1878.

A. Bergaigne : *La Religion védique* ; Paris, 1878-83.

P. Regnaud ; *Le Rig-Véda et les origines de la Mythologie indo-européenne* ; Paris, 1892.

P. Regnaud : *Premières formes de la Religion et de la Tradition dans l'Inde et la Grèce* ; Paris, 1894.

P. Regnaud : *Le IXe Mandala du Rig-Véda* ; Paris, 19…

J. Muir : *Original Sanskrit texts* ; Londres, 1868-74

G. Lassen : *Indische alterthumskunde* ; Bonn, 1847.

A. Barth : *Religions de l'Inde* : Encyclopédie des Sciences religieuses, t. VI.

F. Max Müller : *Lectures on the origin and growth of religion as illustrated by the religions of India* ; Londres, 1878.

F. Max Müller : *The Upanishads ; Sacred Books of the East*, t. I et XV.

F. Max Müller : *Introduction à la philosophie védânta* ; trad. de L. Sorg ; Paris, 1899.

Rajendralala Mitra : *Chandogia-Upanishad of the Sâma-Véda* ; Calcutta, 1854.

A. Bourquin : *Le Panthéisme dans les Védas* ; Paris, 1886.

— *Brahmakarma et Dharma-Lindhu* ; Annales du Musée Guimet, t. VII.

J. Eggeling : *Satapatha-brâhmana* ; Sacred Books of the East, t. XII et XXVI.

H. Oldenberg : *The Grihya-Sûtras* ; Sacred Books of the East, t. XXIX.

G. Buhler : *Sacred Laws of the Aryas* ; Sacred Books of the East, t. XIV.

A. Weber : *Drittes Buch des Athara-Veda* ; Indische Studien, t. XVII.

V. Henry : *La Magie dans l'Inde ancienne* ; Paris, 1903.

G. Stréhly : *Lois de Manou* ; Paris, 1893.

Sir Monier Williams : *Indian wisdom* ; Londres, 1876.

— *Hinduisme* ; Londres, 1879.

— *Religious Thought and Life in India* ; Londres, 1883.

H.-H. Wilson : *Essays on the Religion of the Hindûs* ; Londres, 1862.

H.-H. Wilson : *A sketch of the religious sects of the Hindûs* ; Asiat. Res. t. XVI et XVII.

H.-H. Wilson ; *Analysis of the Parânas* ; Jour of the Asiat. Soc. of Bengal, t. I.

H.-H. Wilson : *The Vishnu-purâna* ; Londres, 1840.

Eugène Burnouf : *Le Bhâgavata-purâna* ; Paris, 1840.

Eugène Burnouf : *La Bhâgavad-gîtâ* ; Paris, 1861.

Th. Pavie : *Krishna et sa doctrine* ; Paris, 182.

Hippolyte Fauche : *Le Mahâbhârata* ; Paris, 1870.

— *Le Râmâyana* ; Paris, 1858.

L'abbé Bouillet : *Le Râmâyana* ; Paris, 1903-04.

E. Sénart : *Les castes dans l'Inde* ; Paris, 1896.

H.-T. Colebrooke : *On the Philosophy of the Hindûs* ; Trans. of the Roy. Asiat. Soc. t. I.

K.-M. Banerjea : *The Brahma-Sûtras* ; Calcutta, 1879.

Prannath Pandit : *Krishna cultus in the Brhat-Samhitâ* ; Jour. of the Asiat. Soc. of Bengal, t. XLIV.

E. Trump : *Adi-Granth, or the Holy Scriptures of the Sikhs* ; Londres, 1877.

www.ingramcontent.com/pod-product-compliance
Lightning Source LLC
Chambersburg PA
CBHW071330190426
43193CB00041B/1129